한 번 읽으면
절대 잊을 수 없는
영단어 교과서

한 번 읽으면 절대 잊을 수 없는 영단어 교과서

마키노 도모카즈 지음 | **한선주** 옮김

시그마북스
Sigma Books

한 번 읽으면 절대 잊을 수 없는
영단어 교과서

발행일 2024년 5월 1일 초판 1쇄 발행
지은이 마키노 도모카즈
옮긴이 한선주
발행인 강학경
발행처 시그마북스
마케팅 정제용
에디터 신영선, 최연정, 최윤정, 양수진
디자인 이상화, 김문배, 강경희

등록번호 제10-965호
주소 서울특별시 영등포구 양평로 22길 21 선유도코오롱디지털타워 A402호
전자우편 sigmabooks@spress.co.kr
홈페이지 http://www.sigmabooks.co.kr
전화 (02) 2062-5288~9
팩시밀리 (02) 323-4197
ISBN 979-11-6862-221-0 (13740)

영단어 공부에 기억력은 필요 없다!

"영어 단어를 기억하는 '비법' 같은 게 있나요?"

"아무래도 어릴 때부터 기억력이 좋았겠지요?"

제 머릿속에 1만 개의 영단어가 들어 있다고 하면 으레 이런 질문들을 받습니다.

중고등학교 6년 동안 배우는 영단어 수는 약 4천 개, 일반적인 대학 입시에 필요한 영단어 수가 약 5천 개라고 하는데요, 이것만 보더라도 1만 단어의 어휘력은 임팩트 있는 숫자일지도 모르겠습니다.

그런데 자랑은 아니지만 제 기억력은 남들보다 그리 뛰어나지 않습니다. 주위 사람들도 오히려 저를 기억력이 안 좋은 사람이라고 생각할 테고요. 그런 제가 1만 개 영단어의 의미를 완벽하게 기억한다는 것은 도저히 불가능한 일입니다.

많은 사람이 학창 시절에 '영단어 공부 = 단어와 의미 통 암기'라는 고정관념을 가지기 때문에 '머릿속에 1만 단어가 들어가 있다'는 말을 들으면 반사적으로 '1만 개 영단어의 의미를 모두 기억한다'고 해석해버리는데요, 사실 저는 기억을 하지 않습니다.

정확히 말하면 **'1만 개 영단어의 의미를 유추할 수 있는'** 겁니다.

세상에는 60만 개의 영단어가 있다고 합니다. 만약 제가 정말로 1만 개 단어의 의미를 기억하고 있다 해도 고작 60분의 1밖에 알지 못하는 셈이죠.

사실 모르는 단어를 맞닥뜨리는 일은 통역 경력 30년이 넘은 지금도 일상다반사입니다. 그런데도 어떤 낯선 영단어가 나오든 바로바로 통역할 수 있는 이유는 그 자리에서 의미를 '유추'하기 때문입니다.

단, 아무 근거도 없이 유추한다면 단순한 '넘겨짚기'가 되어버리겠죠.

물론 저의 유추에는 제대로 된 근거가 있습니다. 바로 단어의 **'생성 과정(스토리)'**입니다.

영어 단어는 '알파벳을 적당히 나열해서 만들어진 것'이 아닙니다. **단어에는 대부분 '기본이 되는 단어(어간)'가 있습니다. 이 '어간'과 라틴어 어원, 접두사·접미사 등이 합쳐져 많은 단어가 만들어졌습니다.**

그래서 처음 보는 단어라도 단어의 조합을 살펴보면 대략 어떤 뜻인지 유추할 수 있지요.

이 책에 등장하는 영어 단어는 500개 정도지만, 곁들여 설명한 영단어의 '스토리'도 함께 알아두면 **500단어가 머릿속에 들어올 뿐만 아니라 1만 개 가까운 영단어의 의미도 '처음 보고' 유추할 수 있는 어휘력을 얻게 될 것입니다.**

영어 어휘력이 좀처럼 늘지 않는다고 고민하는 분들에게 이 책이 조금이나마 도움이 된다면 기쁘겠습니다.

마키노 도모카즈

【 이 책의 내용과 제작 방침에 대해 】

- 이 책은 학술 연구를 목적으로 제작한 서적이 아니므로 전문적인 역사·문화·지역성·종교관·고대 문자의 표기·언어학적 학설·언어의 변화 과정에 관한 해설은 생략했습니다.
- 어원 및 단어의 역사에 대해서는 여러 설 중에서 초보 학습자가 이해하기 쉬운 내용을 골라 소개했습니다. 한 단어에 여러 해석이 있는 경우에도 초보자가 알기 쉬운 해석을 선택했습니다.
- 일반적으로 학교 교육에서 쓰이는 용어를 이 책에서는 이해하기 쉬운 자체 용어로 바꾸어 표현한 부분이 있습니다.
- 본문에서 다루는 라틴어의 발음도 함께 표기했습니다. 라틴어 발음은 시대마다 다르므로 현대인이 가장 발음하기 쉬운 쪽을 택했습니다.

차례

제 1 장   동사

제 2 장　　어원

제 3 장　접두사·접미사

제 4 장 영단어 센스 키우기

왜 영단어 공부를 힘들어하는 사람이 많을까?

 '영단어 공부 = 의미 암기'라고 생각하면 실패한다

영단어 학습법이라고 하면 영어 단어와 뜻, 예문을 한 세트로 묶어서 무조건 암기하는 방식이 일반적입니다. 그래서 많은 사람이 영어 단어를 공부했다가 어휘력이 좀처럼 늘지 않으면 본인의 어휘력이 부족해서 그런 줄 알고 바로 포기해버리지요.

하지만 알파벳 순으로 정리된 단어장을 보거나 직접 단어장을 만들어가며 수천 개의 영단어와 그 의미를 완벽하게 기억하려는 공부법은 애초에 무리가 있어 보입니다.

학창 시절에 일반적인 대학 입시에 필요하다는 5천 개의 영단어 암기에 성공한 사람은 아마도 원래 기억력이 좋다거나 그런 타고난 자질의 영향이 크지 않을까 하는 생각이 들 정도입니다.

베테랑 통역사의 어휘력은 약 1만 단어 수준이라고 알려져 있는데요, 그렇다고 모든 통역사가 하나 같이 남다른 기억력을 가지고 있는 것은 절대 아닙니다.

단언컨대, **영단어 학습에 기억력은 별로 필요하지 않습니다.**

영단어 어휘력을 늘리려면 먼저 '영단어 공부 = 단어 뜻 암기'라는 '상식'부터 버리세요.

영단어 공부에 정말로 필요한 것은 기억력이 아니라 연상력입니다.

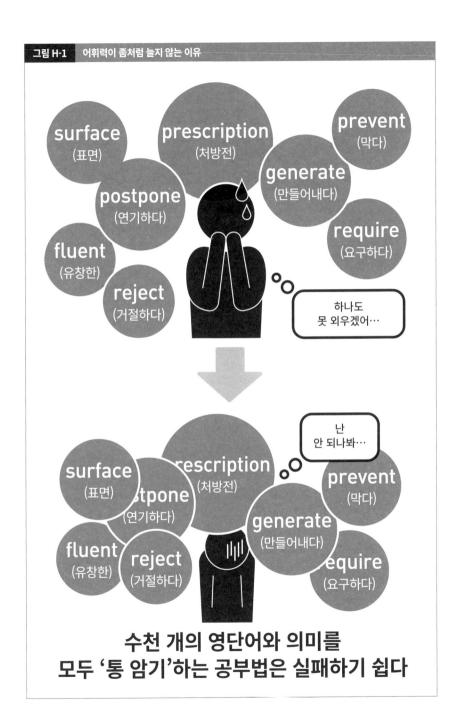

**수천 개의 영단어와 의미를
모두 '통 암기'하는 공부법은 실패하기 쉽다**

영단어에 필요한 건 기억력이 아니라 연상력!

 ## 단어를 분해해서 어원과 접두사·접미사에 주목하자

어떤 통역이든 해낼 수 있도록 제 머릿속에는 1만 개의 영단어가 들어 있습니다. '머릿속에 들어 있다'고 했지만 1만 개 영단어의 의미를 모두 기억하고 있다는 말은 아닙니다.

정확하게는 **'1만 개 영단어의 의미를 유추할 수 있다'**는 것이죠.

그렇다면 어떤 근거로 영단어의 의미를 유추할까요? 바로 **단어의 '생성 과정(스토리)'**입니다.

단어는 단순히 알파벳을 나열해서 만들어진 것이 아닙니다. 대부분의 단어에는 '기본이 되는 단어(어간)'가 있는데, 이것이 영어의 오랜 역사 속에서 라틴어 어원이나 접두사·접미사 등과 여러 형태로 합쳐지면서 하나의 단어가 완성되었습니다.

어간, 어원, 접두사·접미사에는 각각 고유의 뉘앙스가 있습니다. 예컨대 삼수변 부수가 들어간 한자에는 물에 관련된 의미가 있고, 초두변 부수인 한자에는 식물에 관한 의미가 들어 있는 것과 같은 원리죠.

단어의 의미를 유추하는 방법을 구체적으로 설명하자면, 먼저 단어를 어간과 어원 또는 어간과 접두사·접미사로 분해합니다. 그리고 두 개의 다른 뉘앙스를 더해서 생기는 '새로운 뉘앙스'가 무엇인지를 유추하지요. 그런 다음 가장 적절한 해석을 적용해서 통역합니다.

이 방법을 터득하면 처음 보는 영단어도 그 자리에서 바로 의미를 유추할 수 있습니다.

1. 처음 보는 단어가 나왔을 때

무슨 뜻일까?

export

2. 단어를 분해한다

‘밖으로’와 ‘항구’로
나뉘는구나…

ex- + port

(밖으로)　　(항구)

3. ‘단어 조합’으로 의미를 연상한다

‘항구 밖으로 나간
다’는 말은…

‘항구의 밖으로’는 ‘항구 밖으로
나가는’ 거니까…

4. 의미를 확정한다

바로 그거야!

‘항구 밖으로’ →
‘항구의 밖으로 나가다’ →
→ ‘**수출**’이구나!

영단어를 연상하기 위한 네 가지 포인트

 네 가지 포인트를 생각하면서 영단어를 '이해'하자

앞에서 어간과 어원 또는 접두사·접미사의 뉘앙스 조합으로 단어의 의미를 유추한다고 했습니다.

유추하는 포인트는 '단어 조합'을 포함해 네 가지인데요, 차례대로 설명하겠습니다.

첫 번째는 앞에서 말한 **'단어 조합'**입니다.

네 가지 포인트 중에서 '단어 조합'으로 연상하는 방법이 가장 활용도가 높습니다.

영어에서는 무언가를 더해서 새로운 단어를 만들어내는 사례가 많아요. 예를 들어 접두사 de-는 '떨어지다'를 뜻합니다. 여기에 어간 forest(삼림)를 조합하면 '멀어지다'와 '삼림'이 결합해 '삼림을 없애다'라는 뉘앙스가 되어 '삼림을 벌채하다(deforest)'라는 의미를 연상할 수 있습니다.

두 번째 포인트는 **'감정의 정도'라는 기준**입니다.

한마디로 뭉뚱그려 '생각하다'라고 하지만, 여기에는 '그냥 ~라고 생각하다', '심사숙고한 끝에 ~라고 생각하다', '~라고 믿고 있다'처럼 다양한 '생각하다'가 있습니다. 이처럼 감정과 관련된 단어는 감정의 정도를 기준으로 삼아 구별해서 쓸 때가 많습니다.

세 번째 포인트는 **'겉으로 보이는 (시각적인) 차이'라는 기준**입니다. 객관적으로 그 행동을 봤을 때 어떻게 비치는가로 판단한다는 말이죠.

이를테면 '말하다'는 '사람들 앞에서' 말하는지, 아니면 '혼잣말'을 하는지 '함께 대화'하는

지에 따라 사용하는 단어가 달라집니다.

네 번째 포인트는 **'역사적 배경'**입니다. 역사적 배경에는 당시의 문화, 관습, 종교관 등도 포함됩니다. 예컨대 영어에는 한 단어가 여러 가지 의미를 나타내는 다의어가 있습니다.

다의어에 포함된 의미를 모두 암기하려는 경향이 있는데, 그러면 단어를 자유자재로 구사하기 어렵습니다.

사실 다의어에도 '본래의 의미'가 있고, 여기에서 다양한 의미가 파생되었습니다. 그러니 다의어의 '본래 의미'를 먼저 확실하게 이해하면 굳이 파생된 의미를 암기하지 않아도 모두 연상해서 파악할 수 있지요.

영단어를 공부할 때는 이 네 가지 포인트를 염두에 두고 '암기'가 아니라 '이해'하려고 노력하면 처음 보는 어떤 단어든 연상을 통해 뜻을 파악할 수 있게 됩니다.

이 책에서 다루는 영단어와 책 구성에 대해

 연상력 키우기에 좋고 '활용도가 높은 단어' 엄선

이 책에서 다루는 영단어 수는 약 500단어입니다.

서점에 가보면 3천 단어, 4천 단어 등 단어 수를 내세운 영단어 책이 줄줄이 진열되어 있습니다. 그러니 500단어라고 하면 '겨우 500단어를 배워서 어휘력이 늘기는 할까?' 하고 불안해하는 사람이 많을지도 모르겠습니다.

하지만 지금껏 설명했듯이 영단어 공부에 있어 가장 중요한 것은 연상력 키우기입니다.

그래서 책을 집필할 때 연상력 향상에 효과적이면서 원어민과의 일상 회화나 비즈니스, 해외여행 등에서 자주 쓰이는 단어를 기준으로 500단어를 엄선했습니다.

앞에서 말한 '연상력을 키워주는 네 가지 포인트'를 기억하고 책에 나오는 500단어를 충분히 '이해'해 나가면 단기간에 어휘력이 크게 향상되는 효과를 실감하리라 확신합니다.

 기억력으로 승부해야 하는 단어도 있다

앞서 '단어 공부에는 기억력이 별로 필요하지 않다'고 말했는데요, '별로'라는 표현을 쓴 이유가 있습니다. 연상력이 아니라 기억력으로 승부하는 편이 좋은 단어도 있기 때문이지요.

'집＝house', '고양이＝cat', '물＝water'처럼 의미가 하나이고, 철자에서 단어의 뜻을 연상할 수 없는 단발성 단어들입니다. 중고등학교 6년 동안 배운 영단어 약 4천 개 중에 절반 정도가 이런 단어에 해당합니다.

다만 중고등학교 영어 수업을 받아본 사람은 알겠지만 이런 단어는 다시 외울 필요가 거의 없습니다. '어휘력이 좀처럼 늘지 않는다'고 고민 상담을 해오는 학생들 대다수가 고전하는 것은 바로 연상력으로 승부해야 할 단어입니다. 따라서 이 책에서는 단발성 단어를 다루지 않았습니다.

 ## 이 책의 구성에 대해

책에서는 제1장에서 다의어와 동의어를 중심으로 동사를 설명합니다. 다음으로 제2장에서는 어원을 다루고, 제3장에서는 접두사·접미사를 중심으로 한 단어를 소개합니다.

영어 단어는 60만 개가 넘는다고 하니 당연히 어원이나 접두사·접미사도 방대한 수가 존재하지요. 따라서 이 책에서 다루는 어원과 접두사·접미사는 극히 일부에 지나지 않습니다.

다만 30년 이상 동시통역을 해온 경험자로서 단언컨대 원어민과의 일상 회화나 비즈니스, 해외여행으로 상황을 한정하면, 알아두어야 할 어원과 접두사·접미사의 수 자체는 그리 많지 않습니다. 오히려 초·중급 실력일 때는 책에서 소개한 30개 어원, 각각 13개의 접두사·접미사를 확실히 이해하는 것만으로도 단어를 연상하는 데 거의 어려움이 없을 겁니다.

제 1 장

동사

'동사' 공략이 모든 것의 첫걸음

 다의어와 동의어 연상법의 포인트

제1장에서는 동사를 다루겠습니다.

물론 동사부터 시작하는 이유가 있습니다. 영어뿐만 아니라 다른 언어에서도 대부분 동사가 중심 역할을 하기 때문이죠. 어휘를 늘리고 싶다면, 특히 초급 학습자일수록 먼저 동사 중심으로 공부하는 것이 실력 향상의 지름길입니다.

제1장에서는 동사 중에서도 **다의어**(여러 뜻을 가진 단어)와 **동의어**(뜻이 같은 단어)를 다룹니다. 보통 다의어를 공부할 때 단어의 뜻을 무조건 다 암기하려고 하는데 전혀 그럴 필요가 없습니다.

다의어에는 반드시 단어의 '본래 의미'가 있습니다. 오랜 세월을 거쳐 '본래 의미'에서 여러 뜻이 파생되면서 다의어가 된 것이죠. 그러니 **단어의 '본래 의미'를 이해하면 여기에서 파생된 뜻도 연상해서 외울 수 있습니다.**

동의어는 어떨까요. 영어에는 동의어가 참 많습니다. 왜 이렇게 동의어가 많은가 하면, 게르만어나 라틴어 등 여러 언어가 섞이는 과정에서 영어가 탄생했다는 역사적 배경이 있기 때문이죠. 그래서 비슷한 의미를 나타내는 단어도 여럿 존재하게 되었습니다. 다만 지금은 앞서 설명한 대로 '감정의 정도'나 '겉으로 보이는 (시각적인) 차이'와 같은 기준에 따라서 단어를 명확하게 구별해 쓰고 있지요.

따라서 처음에 이 기준만 잘 이해하면 원어민처럼 쉽게 단어를 골라 쓸 수 있습니다.

그림 1-1 '동사'의 의미 연상법

제1장
동사

제2장
어원

제3장
접두사·접미사

제4장
키우는 영단어 센스

다의어

had lunch
(점심을 먹었다)

파생

have a book
(책을 가지고 있다)

파생

have
(붙어 있다)
【본래 의미】

have a cat
(고양이를 키우고 있다)

파생

have a cold
(감기에 걸렸다)

파생

단어의 '본래 의미'에서 여러 뜻이 파생되었다. 그래서 처음에 '본래 의미'를 잘 이해하면 파생된 다른 의미도 연상할 수 있다.

동의어

'생각하다'를 뜻하는 단어를 쓸 때

'감정의 정도' 등의 기준에 따라 가장 적절한 단어를 고른다.

(강함)

확신의 강도

(약함)

believe
sure
consider
think
assume
suppose
guess

have의 본래 의미는 '가지다'가 아니다!

첫 번째로 소개할 다의어 동사는 영어에서 등장 빈도가 가장 높은 have입니다. have의 뜻을 '가지고 있다' 하나로만 외우고 있는 사람이 많을 텐데요, 사실 have는 여러 가지 뜻으로 쓰이는 대표적인 다의어 동사입니다.

그럼, have의 '본래 의미'에서 어떻게 여러 의미의 파생어가 생겼는지 살펴볼까요?

 ## have의 본래 의미는 '붙어 있다'

무언가 서로 '붙어 있다'는 것이 have의 본래 의미입니다.

다음 예문을 봅시다.

I have a book. (나는 책을 가지고 있다.)

'나'와 '책'이 '붙어 있다'는 뉘앙스에서 **'가지고 있다'**라는 의미가 생겼습니다.

예문에서는 나와 책이 물리적으로 '붙어 있는' 상태를 나타내고 있지만, 만약 물리적으로 떨어져 있더라도 '내가 책을 소유하고 있다/책이 나에게 속해 있다'는 사실은 변하지 않으므로 have를 쓸 수 있습니다.

 ## have의 의미는 '가지다'가 아니다

주의할 점이 하나 있습니다. have를 '가지다'라는 의미로 많이들 외우고 있을 겁니다. 그런데 사실 **have의 본래 의미는 '가지다'가 아닙니다.** '가지다'라는 말의 기본 의미인 '손에 쥐

다'를 기준으로 하면 hold라는 단어가 더 적합하지요. Hold this, please. (이것 좀 들어
줘.)와 같이 표현합니다.

제1장
동사

제2장
어원

제3장
접두사
접미사

제4장
키우기
영단어
센스

엄밀히 말하면 have는 **'가지고 있다'**라는 의미로 쓰입니다. 보통 '가지다'와 '가지고 있다'
를 같다고 여기는 경향이 있는데 뉘앙스에 큰 차이가 있습니다. 아래 예문으로 설명할게요.

○　　I have a car. (나는 차를 가지고 있다.)

×　　I am having a car. (나는 차를 가지고 있다.)

'가지고 있다'라는 뜻이니까 현재진행형인 be 동사＋~ing로 써야 한다고 착각하기 쉽지
만 틀린 표현입니다. have라는 단어에 현재진행형인 '하고 있다'라는 뉘앙스가 이미 포함되
어 있기 때문이죠. I am having a car.처럼 현재진행형을 쓰면 '나는 차를 가지고 있고 있
다.(?)'와 같은 말도 안 되는 문장이 되어버립니다. I have a cat. (나는 고양이를 키우고 있
다.)이라는 문장에서도 마찬가지로 have를 써야 합니다.

have가 '가지고 있다'라는 의미로 쓰일 때는 현재진행형으로 표현하지 않도록 주의하세요.

상태나 증상을 나타낼 때

I have a cold. (나 감기에 걸렸어.)

위 예문은 '나'와 '감기'가 '붙어 있는' 상태이므로 have를 써서 표현했습니다. 그 밖에 증상
을 나타내는 have의 예로는 I have a headache. (나 머리가 아파.) 등이 있습니다.

먹다, 마시다

I had lunch already. (나는 이미 점심을 먹었어.)

He is having lunch now. (그는 지금 점심을 먹고 있어.)

'**먹다**', '**마시다**'라는 의미로도 have를 사용합니다. 음식이나 음료는 먹거나 마시면 우리 몸속으로 들어가 그야말로 몸과 음식이 하나로 합쳐지죠. 파생된 의미에서도 have의 본래 의미인 '붙어 있다'라는 뉘앙스를 이해하기 쉽습니다.

'가지고 있다'와 달리 먹고 마신다는 의미로 쓰일 때는 have에 '하고 있다'라는 현재진행형 이 포함되지 않으므로 '**먹고 있다**'로 표현하려면 **현재진행형인 be 동사 + ~ing**를 써야 합니 다. have가 어떤 의미로 쓰이느냐에 따라서 현재진행형일 때도 있고 아닐 때도 있으니 유의 하세요.

참고로 have는 '나는 점심을 먹는다'와 같은 현재형으로는 거의 쓰이지 않고, 과거형인 had로 쓰일 때가 많습니다. 이때 문장 끝에 already를 붙이면 원어민이 자주 사용하는 자연 스러운 표현이 됩니다. already는 현재완료형일 때 쓰는 단어로 많이들 알고 있겠지만 일반 과거형 문장에서도 사용합니다.

키우고 있다, ~이 있다

I have a cat. (나는 고양이를 키우고 있어요.)　　　→　　　함께 있다

Do you have stamps? (우표 있나요?)　　　→　　　함께 있다

동물을 '**키우다**', 상점에 '**~이 있다**'라는 의미로도 have를 씁니다. have의 본래 의미인 '붙 어 있다'에서 파생된 '함께 있다'라는 뉘앙스에서 생겨난 뜻입니다.

Do you have stamps?라는 문장을 보면, '상점'에 우표가 '함께 있다'라는 의미에서 '~이 있다'라고 해석할 수 있습니다. 실제 대화에서는 점원에게 '~있나요?'라고 묻는 표현으로 자 주 사용합니다.

기내에서 차를 마시고 싶을 때는 객실 승무원에게 Do you have tea? (차 있나요?)라고 말 하면 됩니다.

경험하다

We had a lot of rain yesterday. (어제 비가 많이 내렸다.)

have는 **'경험하다'**라는 의미로도 쓰입니다. 누군가 겪은 일은 그 사람의 경험으로 '남아서 함께하기' 때문에 have의 본래 의미인 '붙어 있다'라는 말로 설명할 수 있습니다.

We had a lot of rain yesterday. 이 문장에서는 '어제 비가 많이 내렸다'는 경험이 '우리' 에게 '붙어서 함께한' 것과 같습니다.

그림 1-2   **have의 의미 정리**

I have a book.
➡ '나'와 '책'이 붙어 있다 ➡ 나는 책을 가지고 있다.

I have a cold.
➡ '나'와 '감기'가 붙어 있다 ➡ 나는 감기에 걸렸다.

I have a cat.
➡ '나'와 '고양이'가 붙어 있다 ➡ 나는 고양이를 키우고 있다.

I had lunch already.
➡ '나'와 '점심'이 붙었다 ➡ 나는 이미 점심을 먹었다.

We had a lot of rain yesterday.
➡ '우리'와 '어제 비가 많이 내렸다는 경험'이 붙었다
➡ 어제 비가 많이 내렸다.

---

get의 본래 의미는 '바뀌다'

get은 원어민과 대화할 때 빈번하게 등장하는 단어입니다. 사실 get의 본래 의미는 '손에 넣다'가 아니라 '바뀌다/변화하다'입니다. 본래 의미인 **'바뀌다/변화하다'**에서 어떻게 다양한 의미가 생겨났는지 살펴볼까요?

 ## 손에 넣다, 사다

I **got** this book yesterday. (나는 어제 이 책을 샀다.)

위 예문에서는 **책이 원래 서점의 소유물이었다가 돈을 냄으로써 내 소유물로 '바뀐'** 상황을 말하고 있습니다. 원어민은 이런 뉘앙스를 고려해 get을 **'사다'** 또는 **'손에 넣다'**라는 의미로 쓰고 있어요.

학교에서는 I **bought** this book yesterday.라고 배울 텐데요, 둘 다 의미 전달에 문제없는 올바른 표현이지만 원어민은 대부분 get(과거형은 got)을 씁니다.

 ## 상태 변화를 나타내는 '~이 되다'

get의 중요한 의미 가운데 상태 변화를 나타내는 '~이 되다'도 있습니다. get의 본래 의미를 그대로 잘 나타내죠. 뉘앙스가 잘 이해되도록 be 동사와 현재진행형을 쓰는 경우를 살펴보겠습니다.

먼저 It is so hot.처럼 be 동사를 쓰면 '더운 상태가 이어지고 있고, 앞으로도 당분간 계속

제1장
동사

제2장
어원

제3장
접두사·접미사

제4장
키우기 명단어 센스

될 것'이라는 뉘앙스를 풍깁니다. 즉 **be 동사에는 '변화하다'라는 뉘앙스가 없습니다.**

이에 비해 It got so hot.이라는 문장에는 지금까지는 '덥지 않았'는데 '더운' 상태로 '변화했다'는 뉘앙스가 들어가죠.

또 It is getting dark.처럼 get을 현재진행형으로 쓰면 밝은 상태에서 **점점** '어두운' 상태로 '변화하고 있는(변화가 진행되고 있는)' 모습을 나타낼 수 있습니다. 이외에도 오랜만에 친구의 아이를 보았을 때 You got tall! (키가 컸구나!)이라고 표현하면 이전에 만났을 때보다 키가 '변화했다'라는 뉘앙스가 전해집니다.

It **is** so hot. (너무 **덥다**.) ⇒ '더운' 상태가 계속되고 있음

It **got** so hot. (너무 **더워졌다**.) ⇒ '더운' 상태로 변화했음

It **is getting** dark. (어두워**지기 시작했다**.) ⇒ 점점 '어두운' 상태로 변화했음

 ## 피곤하다/피곤해지다

I am tired. (피곤해.)

I got tired. (피곤해졌어.)

앞의 예문과 마찬가지로 be 동사에는 **'상태가 계속되고 있다'**는 뉘앙스가 있습니다. 그래서 I am tired.라고 하면 '피곤한 상태가 계속되고 있다'는 의미입니다.

반면 I got tired.라고 하면 '지금까지는 피곤하지 않았으나 피곤한 상태가 되었다'는 뜻이 됩니다.

참고로 I was tired.처럼 be 동사를 과거형으로 쓰면 '피곤한 상태였다'라는 말이 되는데, 과거에 피곤했다는 사실까지는 알 수 있지만 지금도 피곤한 상태인지는 판단하기 어려워서 평소 대화에서는 거의 사용하지 않습니다.

take의 의미는 어째서 제각각일까?

take의 본래 의미는 '**차지하다**', '**점유하다**'입니다. 얼핏 보면 본래 의미와 파생된 의미 사이에 아무 관련도 없는 듯하지만 모두 연결고리가 있습니다.

 ## 가지다/취하다, 타다

take는 '가지다/취하다'라는 뜻으로 많이 알고 있죠. 어떤 물건을 '잡아서 가지다'라는 의미로 쓰이는데 꼭 눈에 보이는 물건이 아니라도 take를 쓸 수 있습니다. 예를 들면 좌석이나 티켓을 내가 '차지한다'는 말이므로 '좌석이나 티켓을 예약/예매하다'라는 의미가 되지요.

> I will take a reservation. (내가 예약할게요.)
>
> He took the ticket. (그는 그 티켓을 예매했다.)
>
> We took a taxi. (우리는 택시를 탔다.)

미래형이든 과거형이든 '가지다/취하다'라는 의미는 그대로입니다.

'사진을 찍다'라는 표현에도 take를 쓰는데요, Let's take photos. (사진 찍읍시다.)라는 문장에는 파인더에서 보이는 풍경을 '점유한다'는 뉘앙스가 있습니다.

위의 예문 We took a taxi.에서는 우리가 택시를 '점유'한 셈이죠.

'차지하다', '점유하다'라는 take의 본래 의미를 알면 다음 문장에 나오는 take의 의미도 모두 파생되었다는 것을 이해할 수 있습니다.

제1장
동사

제2장
어원

제3장
접두사
접미사

제4장
키우기
영단어
센스

I will take my father. (저는 아버지를 **모시고 갈게요.**) ⇒ 아버지의 시간을 '점유하다'

Please take memos. (메모를 **써주세요.**) ⇒ 종이를 '점유하다'

I will take this one. (저는 이걸로 **할게요.**) ⇒ 이것을 '점유하다'

Take this medicine. (이 약을 **드세요.**) ⇒ 약의 효과가 몸을 '점유하다'

보충 설명을 하자면 앞서 소개한 have에도 '먹다'라는 의미가 있는데, '약을 먹는다'고 할 때는 Take this medicine.과 같이 take를 사용합니다.

이외에 I will take a bath. (이따가 목욕할 거예요.)라는 문장에서도 마찬가지로 목욕탕을 '점유하는' 것이니 '목욕하다'라는 의미가 됩니다.

 ## 시간이 걸리다

It takes ten minutes from here to the station.

(여기에서 역까지는 10분이 걸린다.)

It took three days to finish this book. (이 책을 다 읽는 데 3일이 걸렸다.)

일상 대화에서 '시간이 걸리다'라는 의미로도 take를 자주 사용합니다. 위 문장도 마찬가지로 이 장소에서 역까지 가는 데 10분이라는 시간을 '점유한다'는 말로 이해하면 됩니다.

예문에 있는 It takes ten minutes from here to the station.은 길을 알려줄 때 잘 쓰는 표현이죠. from [출발 지점] to [도착 지점] 구문도 자주 접하는 표현인데요, 이때 take의 현재형 외에 과거형도 많이 쓰입니다.

take가 '시간이 걸리다'라는 의미로 쓰일 때는 **반드시 It이 주어로 옵니다.** I나 He는 쓰지 않으니 주의해야겠죠.

또 It이 주어가 되면 동사에는 3인칭 단수 현재형인 s를 붙여야 하므로 It takes ~ 로 표현합니다. 틀리기 쉬운 부분이니 잘 기억해두세요.

참고로 '시간이 걸리다' 외에 '비용(돈이 들다)' 또는 '날씨' 관련 표현에도 It을 주어로 씁니다.

 ## take의 수동태 '취해지다'

take의 중요한 의미가 또 하나 있는데요, take의 수동태인 '취해지다'입니다.

The reservation is taken. (그 예약은 되어 있어요.)

This seat is taken.

(이 자리는 사용할 거예요. / 이 자리에는 다른 사람이 올 거예요.)

The reservation is taken.을 직역하면 '그 예약은 취해졌다.'가 됩니다. 이것도 take의 본래 의미인 '점유하다'의 수동태 '점유되다'에서 왔습니다. 조금 자연스러운 표현으로 바꾸면 '그 예약은 되어 있어요.'라고 할 수 있지요. '이미'라는 말을 덧붙이고 싶으면 문장 끝에 already를 쓰면 됩니다.

This seat is taken.도 직역하면 '이 자리는 취해졌어요.'입니다. 이 자리가 '점유되었다'는 뉘앙스에서 '이 자리는 사용할 거예요.', '이 자리에는 다른 사람이 올 거예요.'라는 의미가 됩니다. 이 표현도 일상 대화에서 자주 쓰입니다. 더 짧게 It's taken.이라고 해도 좋습니다.

그림 1-3   take의 의미 정리

잡다

I will take a reservation.
➡ 예약을 '점유하다' ➡ 내가 예약할게요.

타다

We took a taxi.
➡ 택시를 '점유했다' ➡ 우리는 택시에 탔다.

데리고 가다

I will take my father.
➡ 아버지의 시간을 '점유하다' ➡ 저는 아버지를 모시고 갈게요.

선택하다

I will take this one.
➡ 이것을 '점유하다' ➡ 저는 이걸로 할게요.

시간이 걸리다

It takes ten minutes from here to the station.
➡ 역까지 가는 데 10분이라는 시간을 '점유하다'
➡ 여기에서 역까지는 10분이 걸린다.

취해지다

This seat is taken.
➡ 이 자리는 '취해졌다' ➡ 이 자리는 사용할 거예요.

make의 본래 의미는 '구체화하다'

학교에서는 보통 make의 의미를 '만들다'라고 배우는데요, make의 본래 의미는 **'구체화하다'**, **'일으키다'**입니다.

 만들다

'만들다'는 make의 본래 의미인 '구체화하다'에서 파생된 뜻입니다. 아래 예문을 볼까요?

I will make my own dress. (나는 내 드레스를 직접 만들 거예요.)

그냥 '천'에서 사람이 입는 '드레스'라는 옷의 형태로 '구체화'했습니다.

요리를 예로 들어볼게요. I will make curry rice. (나는 카레라이스를 만들 거예요.)라는 문장에서는 감자, 당근, 양파, 고기 등의 재료를 '카레라이스'라는 음식으로 '구체화'했습니다. 원어민은 이런 감각으로 make를 쓴다고 알아두면 좋겠죠.

 하다

Make an effort! (노력해!)

make는 '하다'라는 의미로도 자주 쓰이는데 이것 역시 본래 의미인 '구체화하다', '일으키다'에서 파생되었습니다.

'무언가를 하지 않는 상태'에서 노력함으로써 행동을 '구체화'합니다. 그렇게 해서 행동이나 새로운 사고방식을 '일으키는' 상태가 되죠. 이 예문에서는 노력한 후의 모습이나 상황을 떠올리며 make를 사용했습니다.

 ## 시키다

I made him wash the car. (나는 그에게 세차를 시켰다.)

위 예문에서 make는 '[사람]에게 [일]을 시키다'라는 의미입니다. 이때 쓰이는 make를 문법 용어로는 '**사역동사**'라고 합니다.

'O[목적어]에게 C[목적격 보어]를 시키다'로 사역동사를 설명한 책이 많을 텐데요, 이것도 본래 의미인 '일으키다'에서 파생된 뜻입니다. '그가 세차하지 않는 상태'에서 '그가 세차한 상태'를 '일으킨다'는 말로 설명이 되죠.

'하다'와 '시키다'에는 '일으키다'라는 의미가 포함되어 있으므로 상대의 의사와 상관없이 강제로 '하고, 시킨다'는 뉘앙스가 있습니다.

참고로 또 다른 사역동사 have는 '의무나 업무로서 ~시키다'이고, let은 '[사람]이 ~하는 것을 허락하다'라는 뉘앙스입니다.

이처럼 세 가지 사역동사(have, make, let)의 뉘앙스가 각각 다르니 잘 구별해 쓰는 것이 중요합니다.

너그럽게 봐줄까? 뒤끝 없이 용서할까?

지금부터는 동의어에 관해 설명하겠습니다.

먼저 '용서하다/용납하다'라는 뜻을 가진 단어를 살펴볼 텐데요, 네 가지 단어를 소개하겠습니다.

'용서하다/용납하다'를 뜻하는 단어를 쓸 때는 단어의 의미를 유추하는 두 번째 포인트 '감정의 정도'를 기준으로 삼으면 됩니다. 즉 생각의 강도에 따라 각 단어를 구별해 사용합니다.

 forgive (죄나 잘못을) 용서하다, 없었던 일로 하다

forgive에는 **죄나 잘못 등 '좋지 않은 행동'을 '없었던 일로 하다'**라는 뉘앙스가 있습니다. 따라서 **'앞으로 이 일로 당신을 더 나무라지는 않겠다'**는 느낌이 전달되죠.

I will forgive him for being late. (나는 그가 지각한 것을 용서할 생각이다.)

위 예문에는 '그가 지각한 것이 잘못이기는 하지만 나는 더 이상 그 일을 나무라지 않겠다'는 뉘앙스가 들어 있습니다.

 excuse 너그럽게 봐주다

excuse를 사용한 관용 표현으로는 Excuse me. (실례합니다.)가 가장 많이 쓰이죠. 직역하면 '당신에게 방해가 될지 모르겠지만 너그럽게 봐달라'는 뜻입니다.

I will excuse him for being late. (나는 그가 지각한 것을 용서할 생각이다.)

forgive와 같은 해석이지만 뉘앙스가 다릅니다. excuse를 사용하면 **'다소 언짢기는 하지만 뭐 너그럽게 봐주겠다'**는 뜻이 됩니다. forgive가 '없었던 일로 한다'는 느낌인 데 반해 excuse는 '없었던 일로는 못하겠다'는 뉘앙스입니다.

 ## allow (개인에 대해) 허락하다

I will allow my son to buy the guitar.

(나는 아들이 기타를 사도록 허락할 것이다.)

allow는 **'용서하기'**보다는 **'허용하다'**의 뉘앙스가 강한 단어로 '개인 간에 일어나는 상황'에서 사용합니다. 위 예문에서는 '(아들이 계속 기타를 갖고 싶어 했으니) 아들이 기타를 사도록 허락해주겠다'는 뉘앙스로 말하고 있죠.

 ## permit (규칙이나 법률적으로 또는 공식적으로) 허가하다

Parking is not permitted in this area. (이 구역은 주차금지입니다.)

개인 간에 일어나는 일에 사용하는 allow와 달리 permit는 '모든 사람'을 대상으로 합니다. 그래서 **'(규칙이나 법률적, 공식적으로) 허가한다'**는 뉘앙스가 생깁니다.

단어를 구별하는 포인트는 '정리되었을 때의 상태'

'정리하다'라는 말은 다양한 상황에서 쓰이는 편리한 단어인데 영어에서는 그렇지 않습니다.

'정리하다'를 구별해서 쓰는 포인트는 '겉으로 보이는 (시각적인) 차이'입니다. 정리되었을 때의 상태에 따라 어떤 단어를 사용할지 결정합니다.

 ## clear ~ up 어딘가로 가져가다, 청소하다

'정리하다'라는 의미로 가장 많이 쓰이는 표현은 clear ~ up입니다.

본래 의미가 '어딘가로 가져가다', '청소하다'이고 여기에서 '치우다'라는 뉘앙스가 생겼습니다. 음식점에서 식사가 끝난 접시를 치울(어딘가로 가져갈) 때도 이 단어를 씁니다.

아래 예문은 기내식을 다 먹은 후에 정리해달라고 할 때 쓰는 표현입니다.

Could you clear this tray up? (이 트레이를 치워주시겠어요?)

clear와 비슷한 표현으로 clean이라는 단어가 있습니다. clean은 '깨끗이 하다'라는 의미로 He cleaned the table. (그는 테이블을 깨끗이 닦았다.)처럼 쓰입니다.

단, clean up은 '뒷정리하다'라는 의미이니 주의해야겠지요.

 ## put ~ in order 정돈하다

Put your shoes in order. (신발을 정리해라.)

제1장
동사

제2장
어원

제3장
접두사·접미사

제4장
키우기 영단어 센스

put ~ in order는 **'정돈하다'라는 뉘앙스에서 '정리하다'**라는 의미로 사용합니다. order는 '주문하다', '명령하다'라는 의미인데(명사로는 '주문', '명령'으로 쓰이죠) order의 본래 의미는 '질서', '순서'입니다.

또 전치사 in은 '~인 상태에서'라는 의미이므로 in order는 '정돈된 상태에서'가 되죠. 여기에 put이 붙어 put ~ in order가 되면 '~을 정돈된 상태로 두다'로 직역할 수 있고, 이것이 '정리하다'라는 해석으로 이어집니다.

앞의 예문에는 '신발을 제대로 정돈된 상태로 해두라'는 뉘앙스가 있습니다. '정돈하다'의 포인트는 보이는 곳에 놓아둔다는 점입니다. clear ~ up이나 뒤에 설명할 put ~ away처럼 내 눈에 보이지 않는 곳으로 가져간다는 뉘앙스와는 다르니 주의하세요.

 ## put ~ away 원래 자리에 두다/돌려놓다

Put your toys away before you sleep. (자기 전에 장난감을 정리해라.)

put은 앞에서 설명한 바와 같고, 부사 in이 away로 바뀌었죠.

away는 '멀리에'라는 의미이므로 '멀리에 두다'라고 직역하기 쉬운데 put ~ away는 '원래 있던 자리에 두다/돌려놓다'라는 의미입니다. put ~ back도 같은 뜻으로 쓰입니다.

단어 선택은 '버리는 방식'에 따라

'버리다'도 일상 회화에서 자주 사용하는 표현이죠. '버리다'를 뜻하는 단어는 앞선 내용과
마찬가지로 '겉으로 보이는 차이'에 따라 단어를 구별해 사용합니다.

 ## throw ~ away ~을 버리다

She threw all the photos away. (그녀는 사진을 다 버렸다.)

가장 일반적으로 쓰이는 표현은 throw ~ away입니다. throw는 '던지다', away는 '멀리
에/보이지 않는 곳에'라는 의미이므로 둘을 합치면 '~을 버리다'라는 뜻이 됩니다. 위 예문에
서는 throw와 away 사이에 '~을'에 해당하는 목적어(all the photos)를 썼지요. throw
away ~라는 형태로 목적어를 away의 뒤에 써도 괜찮습니다.

 ## litter ~ ~을 함부로 버리다

Don't litter the trash on the street.
(길에 쓰레기를 함부로 버리면 안 됩니다.)

litter에는 '함부로 버리다'라는 뉘앙스가 있습니다. 위 예문에서는 목적어가 trash(쓰레
기)인데요, trash는 휴지 조각이나 빈 깡통 같은 작은 쓰레기를 뜻합니다. 반면 garbage(쓰
레기)는 부엌에서 나오는 '음식물 쓰레기'를 가리키죠. 그래서 garbage라고 하면 냄새가 심

하거나 젖은 상태의 쓰레기를 떠올리게 됩니다.

 ## discard ~ (불필요한 물건을) 처분하다

We discarded unusable furniture. (우리는 못 쓰는 가구를 처분했다.)

discard는 '(불필요한 물건을) 처분하다'라는 뜻입니다. throw ~ away나 litter처럼 가볍게 버리는 느낌이 아니라 트럭처럼 큰 차량을 사용해서 버리는 뉘앙스가 들어갑니다.

 ## dump ~ (부적절한 곳에) ~을 버리다

Many people dump the waste in this mountain.
(많은 사람이 이 산에 폐기물을 버린다.)

dump는 덤프트럭(dump car)의 그 dump가 맞습니다. 본래 의미는 '(부적절한 곳에) 버리다'로 불법 투기 같은 느낌이죠.

waste도 쓰레기의 일종인데 '폐기물'을 뜻합니다. 뭔가를 사용한 뒤의 잔해나 남은 찌꺼기라는 뉘앙스로 사용합니다.

 ## desert ~ ~을 내버리다

We deserted our car and ran away. (우리는 차를 내버리고 도망갔다.)

desert에 포함된 뉘앙스는 '내버리다'입니다. 명사로는 '사막'이라는 뜻이죠. '모두에게 버려진 곳'에서 파생되어 '사막'이라는 뜻으로 쓰이고 있습니다.

원어민의 단어 선택 기준은 '인정하는 방식'

'인정하다'라는 의미의 단어도 여러 가지가 있습니다. 어떻게 구별해서 쓸지는 '감정의 정도'를 보고 결정합니다. 원어민은 '인정하는 방식'에서 오는 뉘앙스 차이에 따라 단어를 선택합니다.

 admit ~ ~을 (마지못해) 인정하다

She admitted her mistake. (그녀는 자신의 실수를 인정했다.)

사용 빈도가 가장 높은 단어는 admit입니다. 대화할 때 어떤 단어를 써야 할지 고민된다면 일단 admit을 쓰면 말이 통합니다.

다만 본래 의미가 '~을 (마지못해) 인정하다'이므로 뉘앙스로 볼 때 그리 긍정적인 표현은 아닙니다. 달리 말하면 '부정은 하지 않는다'는 뜻이니 위 예문에는 '그녀는 실수가 없었다고 는 말하지 않았다'라는 뉘앙스가 포함됩니다. 조금 에둘러 말하기는 하지만 깨끗하게 인정하 는 느낌이 들지는 않지요.

admit의 명사형 admission을 사용해서 make an admission of ~라고 표현해도 같은 의미가 됩니다. 다만 굉장히 딱딱한 표현이라서 일상 회화에서는 거의 쓰지 않습니다.

 approve of ~ ~을 (타당하다고) 인정하다

We approved of his proposal. (우리는 그의 제안이 타당하다고 인정했다.)

approve of의 의미는 '~을 (타당하다고) 인정하다'인데요, '동의하다', '찬성하다'에 가까운 뉘앙스입니다. approve만 써도 같은 뜻이기는 하지만 보통 approve of라는 숙어로 많이 사용합니다. 조금 딱딱한 표현이라서 일상 회화보다는 비즈니스 상황에서 많이 쓰입니다.

제1장
동사

제2장
어원

제3장
접두사
접미사

제4장
키 영
우 단
기 어
센스

 ## acknowledge ~ (~의 책임/필요성을) 인정하다

He acknowledged the need of for exercise.
(그는 운동의 필요성을 인정했다.)

acknowledge도 딱딱한 표현이라 비즈니스 대화에 어울리는 느낌인데요, '(~의 책임/필요성을) 인정하다'라는 의미입니다.

admit과 달리 **acknowledge에는 솔직하게 인정한다는 뉘앙스가 있습니다.** 위 예문에는 ('의사가 이대로 가면 생활습관병에 걸릴 수 있다고 충고하기도 했고, 역시 운동할 필요가 있다'고 생각해서) 그가 운동의 필요성을 인정했다는 뉘앙스가 있습니다. 참고로 knowledge는 '지식'이라는 뜻의 명사죠. acknowledge와 생김새는 아주 비슷하지만 아무 관련이 없는 단어이니 헷갈리지 않도록 주의하세요.

 ## recognize ~ ~을 (사실이라고) 인정하다

Everyone recognizes his talent. (모두가 그의 재능을 인정한다.)

recognize를 '인식하다'라는 뜻으로 외우고 있는 사람이 많을 텐데요, '인정하다'라는 의미로도 쓰입니다.

본래 의미가 '~을 (사실이라고) 인정하다'이므로 '틀림없다'는 뉘앙스가 있지요. 참고로 위 예문에서 주어 everyone은 '단수 취급'하므로 동사에 3인칭 단수 현재형인 s를 붙입니다.

'결정할' 때 필요한 건 '상황 판단'

'결정하다'라는 의미의 단어를 쓸 때는 다른 동사보다 뉘앙스 구별이 더 중요합니다. '감정의 정도'로 구별하기는 하지만 다른 동의어에 비해 아주 미세한 '마음가짐의 차이'에 따라서 사용하는 단어가 바뀌기 때문이죠.

 decide ~ (여러 가능성을 고려해서) ~을 결정하다

We **decided** the best departure date.

(우리는 가장 좋은 출발일을 결정했다.)

decide에는 '**(여러 가능성을 고려해서) ~을 결정하다**'라는 뉘앙스가 있습니다. 뒤에 나오는 determine과 다른 점은 '여러모로 생각해서' 결정한다는 것입니다.

위 예문에서는 다른 선택지가 몇 가지 있었지만 여러 요인을 고려해서 '이날이 가장 좋겠다고 결정했다'라는 뉘앙스가 느껴집니다.

 determine ~ (마음을 굳히고) ~을 결정하다

I have to **determine** what to do in the future.

(앞으로 무엇을 해야 할지 결정해야 한다.)

determine은 '**(마음을 굳히고) ~을 결정하다**'라는 뉘앙스이므로 decide와 달리 이런저

런 가능성을 생각한다는 뉘앙스는 없습니다. 오히려 **'서슴지 않고 결정하다'**, **'과감하게 결정하다'라는 뉘앙스가 강해집니다.**

decide와 determine 중 어떤 단어를 쓰는지에 따라 '상대가 받아들이는 뉘앙스'가 크게 달라지니 제대로 구별해서 써야겠지요.

참고로 예문에서 쓰인 what to do 부분은 '의문사＋to 부정사' 형태라서 다른 부정사와 달리 '무엇을 ~해야 할지'처럼 해석합니다. 회화보다는 글에서 주로 쓰는 표현입니다.

 ### settle ~ ~을 (최종적으로) 결정하다

She settled where she lives after marriage.
(그녀는 결혼 후에 살 곳을 정했다.)

settle은 **'~을 (최종적으로) 결정하다'**라는 뉘앙스입니다.

settle에는 decide나 determine처럼 어떻게 결정했는지 '과정'을 알려주는 뉘앙스는 없습니다. '최종적인 결정'이라는 뉘앙스가 강하므로 '앞으로 이 결정은 바뀌지 않을 것'이라는 의미로 상대가 받아들입니다. 주로 재판 판결 등의 상황에서 쓰이죠. 일상 회화에서 등장하는 빈도를 보면 decide ＞ determine ＞ settle 순입니다.

제1장
동사

제2장
어원

제3장
접두사·접미사

제4장
키우기 영단어 센스

시각적인 이미지가 중요한 '떨어뜨리다'

'떨어뜨리다'를 뜻하는 단어를 구별하는 기준은 '겉으로 보이는 차이'입니다. 각 단어의 뉘앙스가 크게 달라서 다른 단어로 대체하기가 어렵습니다.

 drop ~ (물리적으로) ~을 떨어뜨리다

She **dropped** all the eggs. (그녀는 달걀을 다 떨어뜨렸다.)

'떨어뜨리다'라는 말에 가장 잘 어울리는 단어가 drop입니다. '(물리적으로) ~을 떨어뜨리다'라는 의미이므로 위에서 아래를 향해 중력이 작용하는 무언가가 떨어지는 느낌입니다.

drop을 과거형으로 쓸 때는 ed 앞에 p가 하나 더 붙어서 dropped가 됩니다.

 lower ~ ~(의 높이)를 낮추다

We should **lower** the partition. (우리는 파티션의 높이를 낮춰야 한다.)

lower의 의미는 '~(의 높이)를 낮추다'입니다. drop과 달리 중력이 작용해 떨어지는 느낌은 아닙니다. '사람이 의도해서 낮은 위치로 이동시킨다'는 뉘앙스입니다.

또 lower는 물리적으로 '위에서 아래'를 나타낼 뿐만 아니라 음량을 '낮추다', 수치를 '낮추다' 등의 의미로도 자주 쓰입니다.

slow down 속도를 줄이다

You must slow down more. (속도를 더 줄여라.)

slow down은 영어 표현 그대로 '슬로 다운'으로도 쓰이죠
'속도를 줄이다'라는 말인데, **갑작스러운 감속이 아니라 '천천히' 줄인다는 뉘앙스**입니다.
기계나 자동차 등의 속도뿐만 아니라 말하는 속도나 기세를 누그러뜨린다는 뉘앙스로도 쓰입니다.

wash ~ off ~의 더러움을 제거하다

I cannot wash the coffee stain off. (커피 자국이 지워지지 않는다.)

wash ~ off는 떨어뜨린다고 했지만 '~의 더러움을 제거하다'라는 의미입니다.
wash만 써도 '씻다'라는 의미인데 wash ~ off라고 하면 '씻어내다'라는 뉘앙스가 됩니다.
묻어 있는 것을 떨어뜨리는 느낌이죠.
비슷한 단어로 clean이 있는데요, '깨끗한 상태로 되돌리다', '원상회복하다', '물건을 정리하다'라는 뉘앙스이므로 wash ~ off의 '더러움을 제거하다'와는 조금 다릅니다.

'늘다'는 '늘어나는 방식'을 기준으로 구별한다

'늘다/늘리다'라는 의미의 단어를 구별하는 기준은 '겉으로 보이는 차이'입니다.

여기에서는 자동사(뒤에 명사 목적어가 필요 없음)와 타동사(뒤에 명사 목적어가 필요함) 두 가지로 나누어 설명하겠습니다.

 ### [자동사 ①] increase 증가하다/상승하다

The number of babies **is increasing.** (출생아 수가 증가하고 있다.)

The prices in Korea **have been increased.** (한국의 물가가 상승했다.)

increase는 자동사와 타동사 양쪽으로 모두 쓰이는 단어입니다. **'증가하다, 상승하다'에 가장 가까운** 느낌이라고 할 수 있습니다.

물질적인 양이나 수가 '늘어날' 뿐만 아니라 인기 등과 같은 개념이 '올라가다/커지다'라는 뉘앙스로도 자주 쓰입니다. 참고로 '물가'는 복수형인 prices라고 합니다.

 ### [자동사 ②] grow (수요가) 늘다

The demand of oil **is growing.** (석유의 수요가 늘고 있다.)

grow는 **'늘어나기'보다는 '커지다', '성장하다'**라는 느낌입니다. '나는 서울에서 자랐습니다.'는 I grew up in Seoul.이라고 표현합니다. 몸이 자라서 어른으로 성장했다는 뉘앙스가 전달되죠. **수치가 늘어난다기보다 그 자체가 부풀어서 부피가 커진다**는 뉘앙스를 표현하고 싶을 때 increase가 아니라 grow를 씁니다.

[타동사 ①] increase ~ ~(의 수/양/비율/생산)을 늘리다

The company increased our salaries at last.
(회사는 결국 우리의 급여를 인상했다.)

타동사 **increase**도 자동사와 뉘앙스는 같습니다. 명사 목적어(위 예문에서는 our salaries)를 붙여서 '~을 늘리다'라는 의미로 사용합니다.

[타동사 ②] multiply ~ ~을 (대량으로) 늘리다

He has multiplied his wealth in a short term.
(그는 단기간에 자산을 대량으로 늘렸다.)

multiply는 **'~을 배로 늘리다'**라는 뉘앙스입니다. increase와는 증가 속도가 다릅니다. 곱셈에도 multiply를 쓴다는 점에서 '엄청나게 늘어나는' 이미지를 떠올리면 되겠죠.
곱셈을 예로 들면 3 × 5 = 15는 3 multiplied by 5 is 15.라고 표현합니다.

'줄다'는 '줄어드는 상황'으로 판단한다

'줄다/줄이다'라는 의미의 단어를 구별하는 기준은 '겉으로 보이는 차이'입니다. 역시 자동사와 타동사 두 가지로 나누어 설명하겠습니다. '줄다/줄이다'를 뜻하는 단어가 많은 관계로 원어민 사용 빈도가 높은 단어를 엄선했습니다.

 [자동사 ①] decrease (수/양/크기/비율이) 자연스레 감소하다

The volume of water level of the lake is decreasing.

(호수의 수위가 낮아지고 있다.)

'줄다'라는 의미로 가장 많이 쓰이는 단어는 decrease인데요, 자동사와 타동사 모두 사용합니다. decrease의 반의어는 '늘다/늘리다'에서 설명한 increase입니다. **decrease는 '사람이 의도적으로 무언가를 줄이는' 것이 아니라 '자연스레' 줄어든다는 뉘앙스가 강조됩니다.** 다만 조금 딱딱한 표현이기도 해서 일상 회화에서는 decrease 대신 go down이나 come down을 쓸 때도 많습니다.

 [자동사 ②] decline (일정 기간 지속해서) 감소하다

The demand of oil has declined for these few months.

(지난 몇 달 동안 석유 수요가 감소했다.)

decline은 '(일정 기간 지속해서) 감소하다'라는 의미인데 사용 빈도는 그리 높지 않습니다. 본래 의미가 '옆으로 굽히다'이므로 '거절하다', '기울이다'라는 의미로 쓸 때가 많습니다. 또 '옆으로 굽히다'에서 '아래로 굽히다'가 파생되어 '감소하다'라는 뉘앙스가 생겼습니다.

decline에는 '일정 기간 지속해서'라는 뉘앙스가 있으므로 for three years(3년 동안)처럼 기간을 나타내는 단어와 세트로 자주 쓰입니다.

[타동사 ①] decrease ~ ~(의 수/양/크기/비율)을 서서히 줄이다

We must decrease crime in this city.

(우리는 이 도시에서 범죄를 줄여야 한다.)

decrease가 타동사로 쓰일 때는 자동사의 '자연스레'보다는 **'서서히' 무언가를 줄인다는 뉘앙스가 더 강조됩니다.**

또 타동사 decrease일 때는 자동사와는 달리 사람이 주어로 올 수 있습니다.

[타동사 ②] reduce ~ ~(의 수/양/크기/비율)을 의도적으로 줄이다

We must reduce the cost immediately.

(우리는 당장 비용을 줄여야 한다.)

reduce는 decrease와 굉장히 비슷한 단어인데 **'의도적으로' 줄인다는 뉘앙스가 강한** 특징이 있습니다. I reduced my weight by 20kg. (나는 체중을 20kg 줄였다.)과 같이 표현합니다.

'무엇을 측정하는지'로 사용할 단어를 정한다

'측정하는' 대상에도 여러 가지가 있죠. 여기에서는 깊이나 길이, 무게나 부피, 시간이나 정도를 측정할 때 쓰는 단어를 소개하겠습니다.

 measure (길이/거리/면적/속도/온도)를 측정하다

Please **measure** the size of this box. (이 상자의 크기를 측정해주세요.)

제일 기본적인 단어는 measure입니다. 대화하면서 어떤 단어를 써야 할지 모르겠을 때는 일단 measure를 쓰면 됩니다. 다양한 측정 대상 가운데 **'길이'를 잴 때 가장 많이 쓰입니다.**

measure의 ea는 [e]로 발음합니다. 이 부분이 정확하지 않으면 원어민이 제대로 알아듣지 못하겠죠. '메이저'가 아니라 '메저'입니다. '메이저'라고 하면 major(주요한)라는 다른 단어가 되어버려요.

 weight (무게)를 측정하다

I **weight** myself every day. (나는 매일 몸무게를 잰다.)

weight는 **'무게'를 잴 때 쓰이는 말**로 다른 단어로는 대체할 수 없습니다. weight가 '무게'나 '체중'을 뜻하는 명사라고만 알고 있는 사람도 있는데요, 동사로도 자주 쓰입니다.

measure (내용량)을 측정하다

Can you **measure** the capacity of this tank?

(이 탱크의 용량을 잴 수 있을까요?)

용량 등의 부피를 잴 때도 measure를 씁니다. 이 부분을 기억했으면 해서 measure를

굳이 따로 나누어 기재했습니다. 일상 회화에서는 크게 의식하지 않고 말하겠지만 영어로 작

문할 때는 확실하게 어떤 것을 측정하는지 구별해서 사용하기 바랍니다.

time (시간)을 재다

Let's **time** ourselves in the 50-meter dash.

(50m 달리기 시간을 측정해보자.)

'(시간)을 재다'라는 의미로 time을 씁니다. time은 '시간'이라는 명사뿐만 아니라 동사인

'~을 재다'라는 뜻으로도 많이 쓰입니다. weight와 마찬가지로 time도 다른 단어로 대체하

지 못해요.

또 ~times라고 써서 '~배'를 표현할 수 있는데요, time은 세 배 이상일 때부터 사용하고

두 배일 때는 twice라고 합니다.

This park is three times as large as that one.이라고 하면 '이 공원은 그 공원보다

세 배 더 큰 규모'라는 의미가 되죠.

'생각하다'는 감정에 따라 일곱 가지로 변화한다

'생각하다'라는 단어는 여러모로 편리하게 쓰이는데요, 영어의 '생각하다'는 **'확신의 강도'에 따라 단어를 구별해서 씁니다.** 따라서 여기에서는 '확신의 강도'가 강한 순서대로 소개하겠습니다.

 I believe (that) ~ ~라고 믿다

I believe that he will pass the exam. (그가 시험에 합격할 거라고 믿어.)

확신의 강도가 가장 강한 단어는 believe입니다. '믿다'라고 해석되는 만큼 듣는 사람에게 '분명히 이렇게 되리라고 생각한다'는 강한 인상을 줍니다. '믿기' 때문에 **확신의 강도는 '100%'**입니다.

위 예문에서 believe 뒤에 있는 that은 생략 가능합니다. 아래 설명부터는 that을 모두 생략하겠습니다.

 I'm sure (that) ~ ~라고 확신하다

I'm sure it rains this afternoon. (오늘 오후에는 비가 올 것 같아.)

I'm sure (that) ~은 '~라고 확신하다'라는 의미입니다. 해석만 보면 believe의 '믿다'와 비슷한 뉘앙스가 있는 듯해도 **확신의 강도는 조금 낮아진 '90%'**입니다. 위 예문의 뉘앙스로

는 '분명히 비가 내릴 것 같긴 한데, 내리지 않을지도 모르겠다'는 느낌입니다.

제1장
동사

제2장
어원

제3장
접두사
접미사

제4장
키우기
영단어
센스

 ## I consider (that) ~ (심사숙고한 끝에) ~라고 생각하다

I consider we had better stop the project right now.
(지금 당장 프로젝트를 중단해야 한다고 생각합니다.)

consider는 뒤에서 설명할 think와 뉘앙스가 조금 비슷합니다. 다만 **consider가 think 보다 더 신중하게 생각하는 느낌**입니다. 단어장이나 사전에는 '숙고하다', '고려하다'로 나와 있지요. 글에서 많이 접하는 표현인데 일상 회화에서는 think가 더 자주 쓰입니다.

 ## I think (that) ~ (많이 생각한 후에) ~라고 생각하다

I think we should study English for our future.
(미래를 위해서 영어를 공부해야 한다고 생각합니다.)

think의 뉘앙스는 **일반적인 개념의 '생각하다'에 가장 가깝다**고 할 수 있습니다.

또 think 뒤에는 that ~ 형태뿐만 아니라 부사나 전치사를 붙여서 숙어 표현을 쓸 때가 많습니다. 한꺼번에 다 외우기 힘드니 글을 읽거나 대화하다가 관련 표현이 나오면 그때그때 외워서 어휘를 늘리는 게 좋겠지요.

 ## I assume (that) ~ ~라고 추측하다(당연하다고 여기다)

I assume this product sells well. (이 제품은 잘 팔릴 것 같아요.)

assume은 '생각하다'보다는 **'추측하다/당연하다고 여기다'**라는 뉘앙스를 갖습니다. consider나 think처럼 충분히 생각한다는 느낌은 없지요. assume에는 '이렇게 되면 좋겠다'는 주관적인 희망이 포함되어 있습니다.

 ## I suppose (that) ~ 아마도 ~라고 생각하다

I **suppose** this work will be finished by tomorrow.
(이 일은 내일이면 끝날 것 같습니다.)

suppose는 **'아마도 ~라고 생각하다'에서 '아마도 ~라고'의 뉘앙스가 강합니다.** 논리적
으로 생각한다는 뉘앙스보다는 '상상하다'나 '가정하다' 쪽에 해당하죠.
생각한다는 뉘앙스가 없기 때문에 확신의 강도는 낮아집니다.

 ## I guess (that) ~ ~하지 않을까?

I **guess** it will be fine tomorrow. (내일은 맑지 않을까?)

guess는 '~하지 않을까?'라는 의미로 **'생각한다'는 뉘앙스가 거의 포함되지 않습니다.** 위
예문 '내일은 맑지 않을까? (잘 모르겠지만)'에서 보듯이 '생각한다'는 뉘앙스는 거의 없죠.
guess는 '생각하다'보다도 '떠오른 것을 말하다', '추측하다', '예측하다'라는 뉘앙스라고
할 수 있습니다.
u가 묵음이라 발음하지 않는 점에 주의하세요. '구에스'가 아니라 '게스'입니다.

제1장
동사

제2장
어원

제3장
접두사 · 접미사

제4장
키우기 영단어 센스

그림 1-4 | '생각하다'를 뜻하는 단어 정리

(강함)

I believe (that) ~ ~라고 믿다

I believe he will pass the exam.
(그가 시험에 합격할 거라고 믿어.)

I'm sure (that) ~ ~라고 확신하다

I'm sure it rains this afternoon.
(오늘 오후에는 비가 올 것 같아.)

I consider (that) ~ (심사숙고한 끝에) ~라고 생각하다

I consider we had better stop the project right now.
(지금 당장 프로젝트를 중단해야 한다고 생각합니다.)

I think (that) ~ (많이 생각한 후에) ~라고 생각하다

I think we should study English for our future.
(미래를 위해서 영어를 공부해야 한다고 생각합니다.)

확신의 강도

I assume (that) ~ ~라고 추측하다(당연하다고 여기다)

I assume this product sells well.
(이 제품은 잘 팔릴 것 같아요.)

I suppose (that) ~ 아마도 ~라고 생각하다

I suppose this work will be finished by tomorrow.
(이 일은 내일이면 끝날 것 같습니다.)

I guess (that) ~ ~하지 않을까?

I guess it will be fine tomorrow.
(내일은 맑지 않을까?)

(약함)

'서두르다'는 '타이밍'이 중요하다

한마디로 '서두르다'라고 말하지만 서두르는 방식이나 모습은 여러 가지입니다. 영어에서는 '서두르는 방식'의 차이로 단어를 구별합니다.

'서두르다' 외에 '급히'와 같은 부사 표현도 있지만 여기에서는 동사만 설명하겠습니다.

 hurry 평소보다 빨리 행동하다

You should **hurry** not to be late. (지각하지 않으려면 서둘러야 해.)

'서두르다'라는 의미에 가장 알맞은 단어는 hurry입니다.

hurry에는 **'평소보다 더 빨리 행동한다'**는 뉘앙스가 있으므로 '평소'와 '오늘'은 다르다는 것을 전제로 합니다. 따라서 '습관적인 것'에 대해 말할 때 hurry를 많이 씁니다.

위 예문에서는 '(평소에는 7시에 집을 나서는데 오늘은 6시 45분에 나가야 하니까) 지각하지 않도록 서둘러야 한다(평소보다 더 빨리 행동해야 한다)'는 뉘앙스입니다.

 rush 서둘러 가다

He **rushed** to her. (그는 서둘러 그녀에게로 갔다.)

rush는 '서둘러 가다'라는 의미이므로 '이동하는 속도'가 빠릅니다. 즉 '동작'이나 '이동'이 수반되어야 rush를 쓸 수 있습니다. 그런 점에서 hurry의 '습관적인 것'과는 다릅니다.

hasten 갑자기 행동하다

I **hastened** to buy the train ticket. (나는 서둘러 기차표를 샀다.)

hasten이 익숙하지 않은 사람도 많겠지만 원어민은 자주 쓰는 단어입니다.

hasten은 '갑자기 행동하다'라는 의미입니다. rush와 비슷한 뜻이지만 **rush는 '빨리 움직인다'는 것이고, hasten은 '갑자기 움직인다'는 뉘앙스의 차이가 있습니다.** '갑자기' 움직이는 이미지가 hasten입니다.

hasten 뒤에는 to + 동사 원형인 to 부정사가 붙을 때가 많은데 위 예문의 hasten to buy(서둘러 사다)처럼 씁니다.

hasten은 발음에도 주의해야 합니다. 자칫 '허스튼'으로 발음하기 쉽지만 '헤이슨'이 바른 발음으로, t는 발음하지 않습니다.

'가르치다'는 '무엇을 가르치는지'로 구별한다

'가르치다'라는 말은 여러 상황에서 쓰이는 만능 단어인데요, 영어에서는 아주 미세한 뉘앙스 차이로 구별해서 씁니다.

 ### teach ~ (학문/기술)을 가르치다

Mr. Kim teaches English. (김 선생님은 영어를 가르치고 있다.)

'가르치다'라는 의미로 가장 먼저 떠오르는 단어는 teach 아닐까요? teach의 뜻은 '(학문/기술)을 가르치다'입니다. 여기에 -er을 붙이면 '가르치는 사람'을 뜻하는 '선생님'이 되죠. **'가르치는' 동작은 매일 하는 '습관적인 일'에 해당하므로 '가르치고 있다'도 ~ing를 붙인 현재진행형이 아니라 현재형으로 표현**한다는 점에 주의해야 합니다.

 ### tell ~ ~을 전하다

Tell me the story. (이야기를 들려줘.)

tell은 **'가르치다'보다도 '전달하다'라는 뉘앙스가 강한** 단어입니다. teach와는 달리 학문이나 기술에 관한 내용에는 tell을 쓰지 않습니다. 전문적이지 않은 부담 없는 이야기나 일상적인 내용을 말할 때 tell을 사용하죠.

tell + [사람] + [일]처럼 뒤에 사람과 일을 가리키는 명사가 오므로 '[사람]에게 [일]을 이야기하다'라는 뉘앙스로도 씁니다.

 ## show ~ ~을 보여주면서 설명하다

Can you show me the way to the station?
(역까지 가는 길을 알려주시겠어요?)

show는 '(~을) 보여주면서 설명하다'라는 의미입니다. 위 예문처럼 누가 길을 물어보면 "이 길로 쭉 직진해서 다음 신호에서 왼쪽으로 꺾으세요." 하면서 지도나 실제 길을 손가락으로 가리키면서 설명하겠죠. show에는 바로 그런 손짓 몸짓이라는 뉘앙스가 있습니다.

또 '(~을) 보여주면서 설명하다'라는 뜻이므로 '눈을 사용한다'는 이미지가 매우 중요합니다. 가령 마술쇼(a magic show)나 패션쇼(a fashion show), TV 예능 프로그램(a variety show) 등의 단어에는 '눈을 사용하다/보여주다'라는 뉘앙스가 아주 잘 드러나죠. teach나 tell에는 이런 뉘앙스가 없습니다.

'거절하다'는 '정중한 정도'가 구별 기준

원어민은 '거절 방식'에 따라 단어를 다르게 사용합니다. '거절'은 상대의 제안을 거부하는 것이기 때문에 뉘앙스가 다른 단어를 써버리면 상대의 기분을 상하게 하거나, 때에 따라서는 싸움으로 번지기도 합니다.

refuse ~ ＝ turn down ~ ~을 거절하다

He **refused** my proposal. (그는 나의 제안을 거절했다.)
He **turned down** my proposal. (그는 나의 제안을 거절했다.)

'거절하다'를 뜻하는 단어 중에서 가장 기본적인 말은 refuse입니다. 회화에서는 같은 뉘앙스의 turn down을 자주 사용합니다.

refuse는 '거절하다'라는 '사실만'을 말하는 뉘앙스로, 감정은 들어가지 않습니다. **'거절'이라는 사실만을 담담하게 전달하는 뉘앙스라서 사용하기 편한 단어입니다.** 어떤 단어를 쓸지 망설여질 때 일단 refuse를 쓰면 문제가 생길 일은 거의 없을 겁니다.

decline ~ ~을 (정중히) 거절하다

He **declined** my proposal. (그는 나의 제안을 정중히 거절했다.)

'줄다/줄이다' 항목에도 나왔던 decline은 '거절하다'라는 의미로도 사용합니다. **refuse**

제1장
동사

제2장
어원

제3장
접두사·접미사

제4장
키우기 영단어 센스

보다도 **'정중히' 거절하는 뉘앙스가 있습니다.** '정중히 사양하다'라고 번역해도 좋겠네요.

'정중히 사양하다'라는 번역에서도 알 수 있듯이 **'주관적인 느낌'이 들어 있습니다.** 이 부분이 refuse와는 다르지요. 물론 퇴짜 놓는 뉘앙스는 아니기 때문에 decline을 쓴다고 해서 특별히 상대의 기분을 상하게 하지는 않습니다.

 ## reject ~ ~을 거절하다

He **rejected** my proposal. (그는 나의 제안을 딱 잘라 거절했다.)

'거절하다'를 뜻하는 단어 중에서 가장 주의해야 하는 말이 reject입니다.

'거절하다'라는 뉘앙스를 포함하는 reject는 상당히 강한 어조의 단어입니다. 싸우는 상황에서 쓸 법한 단어라고도 할 수 있어요.

reject는 re와 ject로 나뉘는데, re는 '상대에게', ject는 '물건' 혹은 '내던지다'라는 의미입니다. 위 예문을 직역하면 '그는 나의 제안을 나에게 내던졌다.'인데 이것만 봐도 단어의 강도를 충분히 알 수 있겠지요. 단, -ject 자체는 그렇게 센 단어가 아닙니다. pro(앞으로)와 ject(내던지다)를 합치면 project(계획)가 되고, project 뒤에 or을 붙이면 projector(프로젝터, 영사기)가 됩니다.

단어의 임팩트 때문에 드라마나 영화에서 reject가 자주 등장하죠. 일상 회화에서 reject를 쓰는 것은 별로 추천하지 않습니다. '그러면 굳이 책에 소개하지 않아도 될 텐데'라고 생각하실 텐데요, 학교에서 배우는 단어이니 '회화에서 피해야 할 단어'로 알아두길 바라는 마음에서 소개했습니다.

어떤 식으로 고장 났는지 '겉모습'이 중요하다

'고장 나다'라는 의미의 단어는 '겉으로 보이는 차이'에 따라서 구별해 사용합니다. '고장 나 있는' 상태나 '망가뜨리는' 동작을 나타내는 표현은 거의 사용하지 않습니다.

 be broken (되돌리지 못할 정도로) 고장 나다

This guitar cannot be used anymore, because it is broken.

(이 기타는 고장 나서 더 이상 사용할 수 없어.)

be broken은 '(되돌리지 못할 정도로) 고장 났다'는 뉘앙스입니다. 이 말을 들으면 상대는 '더 이상 고칠 수 없나 보다.' 하고 상황이나 상태를 이해할 수 있죠.

물건뿐만 아니라 사람에게도 break 또는 break up을 쓸 수 있습니다. I broke up with her. (그녀와 헤어졌어.)라고 하면 '이제 그녀와 다시는 사귀지 않는다'는 뉘앙스가 상대에게 전해집니다.

 be damaged 손상되다(고치면 될지도 모름)

This table is damaged so much.

(이 테이블은 손상되었다[고치면 될지도 모름].)

be damaged는 '손상되다(고치면 될지도 모름)'라는 뉘앙스입니다. 회복 불가능한 be

broken과 비교하면 상대가 받아들이는 느낌이 크게 다릅니다. '언어화되지 않은 부분'에 '숨겨진 감정'을 읽는 것이 아주 중요합니다. 이것이 커뮤니케이션의 기본이자 '상대에게 전달하는' 언어의 재미이기도 하지요.

out of order (기계가) 고장 난

That ATM is out of order now. (그 ATM기는 지금 고장 났어요.)

out of order는 '(기계가) 고장 났다'는 뉘앙스에서 '고장 난'이라는 의미가 됩니다. 위 예문의 order는 '정상적인 상태'를 의미하고 out of ~는 '~의 밖으로'이므로 '정상적인 상태에서 벗어나 있다'가 되어 '고장 난'이라는 의미로 쓰입니다.

비슷한 표현으로 out of service가 있는데 '사용 불가'라는 의미입니다. 꼭 고장 난 상태가 아니라고 해도 '사용하지 못하는' 상황은 변함없으니 거의 같은 뜻으로 생각해도 무방합니다.

ATM 대신에 cash dispenser라는 표현도 쓰는데요, 그냥 ATM이라고 해도 원어민에게 뜻이 통합니다.

참고로 해외에 가면 자판기에 'out of order'라고 써놓은 종이가 붙어 있는 걸 볼 때가 많습니다. 우리는 야외에 설치된 자판기를 흔히 볼 수 있는데요, 그만큼 치안이 좋아서인지도 모르겠네요. 미국의 자판기는 야외가 아니라 실내에 많이 있는 느낌입니다.

제1장
동사

제2장
어원

제3장
접두사·접미사

제4장
키우기 영단어 센스

'구부러지다'의 구별은 '물리적 감각'으로

'구부러지다', '구부리다'를 뜻하는 단어도 각각 뉘앙스가 크게 다릅니다. 구별 기준은 '겉으로 보이는 차이'입니다.

 [자동사 ①] turn (한 방향으로) 구부러지다

Please turn left at the next corner. (다음 모퉁이에서 왼쪽으로 꺾으세요.)

turn은 **방향 전환의 의미가 가장 많이 담긴 단어**입니다. 길 안내를 할 때 자주 사용하지요. 단, **turn에는 '직각으로' 구부러진다는 뉘앙스가 있습니다.** 위 예문에서는 turn left라고 했는데 turn to the left(왼쪽 방면으로 돌아서)라고 to the를 사이에 넣는 표현도 있습니다. 상대가 알아듣기는 해도 애매한 표현이어서 회화에서는 거의 쓰이지 않습니다.

 [자동사 ②] curve (곡선을 그리며) 구부러지다

The road curves to the right. (길이 오른쪽으로 굽어 있다.)

curve에는 **'곡선을 그리며' 구부러진다는 뉘앙스가 있습니다.** turn의 '직각'과는 달리 '완만한 곡선'의 느낌이 있죠.

위 예문에서는 to the right(오른쪽으로)라고 표현했습니다.

제1장
동사

제2장
어원

제3장
접두사
접미사

제4장
키우기
영단어
센스

[타동사 ①] bend ~ ~을 구부리다

We bend bamboo to make the basket.
(대나무를 구부려서 바구니를 만든다.)

bend는 '(물건 등을) 구부린다'는 의미입니다. bend도 turn의 '직각'이 아니라 curve처럼 **'곡선을 그리며' 구부린다**는 뉘앙스입니다. '아치형으로 만들다'라고도 표현할 수 있습니다.

[타동사 ②] twist ~ ~을 비틀다

Please twist your upper body. (상체를 옆으로 비틀어주세요.)

허리를 비틀면서 추는 춤을 트위스트라고 하고 꼬아서 만든 빵을 트위스트 도넛이라고 하는 데서도 알 수 있듯이 twist는 '구부리다'보다는 '비틀다'의 뉘앙스가 강합니다.

[타동사 ③] distort ~ (이야기 내용을) 왜곡하다

He has a tendency to distort stories and tell them.
(그는 이야기를 왜곡해서 전달하는 경향이 있다.)

distort는 물리적으로 '구부리는' 것이 아니라 '(이야기 내용을) 왜곡하다'라는 뉘앙스입니다. have a tendency to ~는 '~하는 경향이 있다/버릇이 있다'라는 뜻의 숙어입니다. have a tendency to ~ 대신에 tend to ~도 쓸 수 있습니다.

'보여주다'는 '겉으로 보이는' 차이로 구별한다

'보여주다'라는 말도 일상에서 자주 쓰이죠. 영어에서는 단어마다 뉘앙스가 조금씩 다릅니다. '보다'라는 표현은 생략하고 여기에서는 '보여주다'를 뜻하는 단어만 소개하겠습니다.

 show ~   ~을 보여주다

Show me your new car. (너의 새 자동차를 보여줘.)

show는 '가르치다'를 설명할 때도 나왔는데요, '~을 보여주다'라는 의미로도 쓰입니다. '보여주다'를 뜻하는 가장 기본적인 단어이니 망설여질 때는 일단 show를 써서 대화하면 됩니다. 또 show는 4형식 동사이기 때문에 show 뒤에는 [사람], [사물] 순으로 명사 두 개가 이어집니다.

 display ~   (눈에 띄게) ~을 보여주다/진열하다

Please **display** the new products in front.
(신상품은 앞쪽에 진열해주세요.)

display는 **단순히 보여주는 것이 아니라 '눈에 띄게' 보여주거나 진열할 때 쓰는 말입니다. '예쁘게 보이도록 한다'**는 뉘앙스가 강하므로 display 뒤에 오는 목적어(명사)로는 가치 있는 상품이나 예술작품 등의 단어를 씁니다.

reveal ~ (보이지 않던 것을) 보여주다

제1장
동사

제2장
어원

제3장
접두사
접미사

제4장
키우기
영단어
센스

He **revealed** his white teeth to me. (그는 나에게 하얀 이를 드러냈다.)

reveal은 '(보이지 않던 것을) 보여주다'라는 의미입니다. **'(숨겨져 있던 것을) 밝히다',
'(보이지 않던 것을) 드러내다'라는 뉘앙스가 포함됩니다.**

reveal의 본래 의미는 '덮개를 벗기다'인데, 여기에서 파생되었다고 생각하면 reveal의 뉘
앙스를 이해하기 쉬울 겁니다.

'베일을 벗다'라는 표현이 있지요. '지금까지 몰랐던 것의 정체가 밝혀지다'라는 의미로 쓰
이는 말인데 reveal에 들어 있는 뉘앙스가 바로 이겁니다. 단, 여기에서 '베일'은 veal이 아
니라 veil이라는 단어입니다.

또 reveal을 '리베일'이라고 잘못 발음하기 쉬운데 정확하게는 '리비일'로 발음합니다.

회화나 영작문에 적극적으로 활용해서 능숙하게 구사했으면 하는 단어입니다.

'요구하다'는 '감정의 정도'로 결정한다

'요구하다'는 상대에게 무언가를 원하는 표현이니 뉘앙스가 다른 단어를 쓰면 문제가 생길 수 있습니다. '감정의 정도'를 기준으로 하면 각 단어의 뉘앙스 차이가 더 명확해집니다.

 demand ~ ~을 (강력히) 요구하다

He demanded that I should sign the paper at once.

(그는 당장 서류에 서명하라고 요구했다.)

demand는 '~을 (강력히) 요구하다'라는 의미이므로 상당히 강한 어조를 나타냅니다. 따라서 demand를 사용하는 장소나 상대에 주의가 필요합니다. 상대에게 '부드럽게' 요구한다면 ask를 쓰는 편이 좋겠지요.

또 demand 뒤의 that 절에서는 should + 동사 원형이 됩니다. should가 생략되어 동사 원형만 남은 형태로도 많이 쓰입니다.

 request ~ (정중히) ~을 요구하다/부탁하다

Everyone, I request to wear the masks here.

(여러분, 여기에서는 마스크를 착용해주시기 바랍니다.)

request는 '(정중히) ~을 요구하다/부탁하다'라는 의미로 **'정중히'**라는 뉘앙스입니다.

'한정된 사람'을 대상으로 요청할 때 request를 씁니다.

제1장
동사

제2장
어원

제3장
접두사·접미사

제4장
키우기 명단어 센스

 ## require ~ (모든 사람을 대상으로) ~을 요구하다

No smoking is required here. (이곳은 금연 구역입니다.)

require는 '(모든 사람을 대상으로) ~을 요구하다'라는 의미입니다. '한정된 사람'에게만 부탁하는 request와 달리 **require는 '모든 사람에게' 부탁할 때 사용합니다.**

'모든 사람을 대상으로' 한다는 말은 '일반론'의 뉘앙스를 담고 있다는 뜻이죠. 이를테면 위 예문에서는 현재 그곳에 있는 '특정한 사람'에게만 금연을 요구하는 것이 아니라 '앞으로 거기에 올 사람'까지 포함해 모두에게 요구하고 있는 셈입니다.

 ## claim ~ (당연한 권리로) ~을 요구하다

She claimed to bring the new dress that she had just bought to her.

(그녀는 방금 산 드레스를 갖다 달라고 했다.)

claim은 '(당연한 권리로) ~을 요구하다'라는 뜻으로, 서비스에 대한 불만을 표하는 컴플레인과는 다릅니다.

원래 claim의 의미는 '주장하다'입니다. 자신이 당연한 권리를 가지고 있을 때 사용하는 단어지요. 위 예문에서 '그녀가 산 드레스'는 당연히 그녀에게 권리가 있죠. 권리가 없다면 ask나 request를 씁니다.

'고치다'는 '고치는 대상'에 따라 단어가 바뀐다

'고치다'라는 말은 여러 상황에서 쓸 수 있죠. 영어도 단어마다 뉘앙스가 다 다릅니다. 여기에서는 자주 쓰이는 단어를 엄선해서 소개하겠습니다.

 ## fix ~　~을 고치다/수리하다

I asked Tom to fix the PC. (나는 톰에게 컴퓨터를 고쳐 달라고 부탁했다.)

fix는 '고치다/수리하다'라는 의미입니다. 한정된 상황에서 쓰는 말이 아니라 막연하게 '고치다/수리하다'라는 뉘앙스가 있어 다양한 상황에서 쓸 수 있지요. 딱딱한 표현이 아니라서 여기저기에 편하게 쓰이는 유용한 단어입니다. 어떤 단어를 써야 할지 모르겠을 때 일단 fix를 쓰면 무난합니다.

 ## repair ~　(고장 난 것을) 수리하다

His job is to repair cars. (그의 직업은 자동차를 수리하는 것이다.)

repair는 '(고장 난 것을) 수리하다'라는 의미입니다. '고장 난 것'이 대상이므로 목적어 자리에는 기계 등의 제품을 가리키는 명사가 옵니다. 조금 딱딱한 표현이며 미국식 영어라는 뉘앙스가 있습니다.

제1장
동사

제2장
어원

제3장
접두사·접미사

제4장
키우기
영단어
센스

mend ~ (망가진 것을) 수선하다

Can you mend the broken chair? (망가진 의자를 고칠 수 있습니까?)

mend는 '(망가진 것을) 수선하다'라는 의미입니다. repair와 비슷한 뉘앙스인데 mend는 옷이나 신발, 가방 같은 천/가죽 제품, 타이어 펑크 등을 고칠 때 사용합니다. repair(기계를 수리하다)와 비교하면 비교적 간단한 작업에 쓰이는 것이죠.

또 mend에는 영국식 영어의 뉘앙스가 있습니다.

correct ~ (잘못을) 바로잡다

Correct the mistakes in the draft. (원고의 오류를 수정해주세요.)

'수리하다'의 의미가 아니라 '잘못을 바로잡을' 때 쓰는 단어가 correct입니다. 형용사 correct는 '올바른, 정확한'이라는 의미로 쓰이는데 동사일 때는 '(잘못을) 바로잡다'라는 뜻이 됩니다. '확실하게 틀린 부분'을 수정해서 '올바른 것, 문제가 없는 것으로 만든다'는 뉘앙스입니다.

revise ~ ~을 수정하다/개정하다

The revised version of that book was released.
(그 책의 개정판이 출간되었다.)

revise는 일상 회화보다는 글에서 자주 쓰이는 단어로 '수정하다/개정하다'라는 의미입니다. 출판물을 수정하거나 새로운 표현 또는 내용으로 개정해서 '전체적으로 더 나은' 상태로 재출간한다는 뉘앙스가 있지요. 출판물뿐만 아니라 의견이나 계획을 '수정하다/재검토하다'

라는 뉘앙스로도 사용하는데 딱딱한 표현이라 회화에서는 잘 쓰이지 않습니다.

cure ~ (질병을) 낫게 하다

The medicine will **cure** the stomachache. (그 약으로 복통은 나을 겁니다.)

cure는 '고치다' 중에서도 '(질병을) 낫게 하다'를 뜻하는 단어입니다. 뒤에 나오는 heal과 같은 의미인데 고치는 대상이 다릅니다.

cure는 감기나 복통, 등 통증 같은 '내과적인 문제'를 치료할 때 사용합니다. cure와 비슷한 단어로 care가 있는데요, care는 '신경 쓰다/걱정하다'라는 의미입니다. take care of ~는 '~을 돌보다'라는 뜻으로 일상 회화에도 자주 쓰이는 숙어죠.

heal ~ (외상을) 치료하다/치유하다

The burn scar will **heal** in a month or so.
(화상 흉터는 한 달 정도면 나을 겁니다.)

heal은 '(외상을) 치료하다/치유하다'라는 의미입니다. cure가 내과적인 문제를 치료할 때 쓰는 말인 데 반해 heal은 상처 등 '외과적인 것'을 치료한다는 뉘앙스입니다. 스트레스나 마음의 상처, 마음의 병 등을 '치유하다'라는 의미로도 사용하는데요, '힐링(healing)'이라는 말은 우리 일상에서도 같은 뜻으로 많이 쓰이죠.

참고로 heal 뒤에 th를 붙이면 health(건강)가 됩니다.

그림 1-5   '고치다'를 뜻하는 단어 정리

제1장
동사

제2장
어원

제3장
접두사·접미사

제4장
키우기 영단어 센스

fix ~ ~을 고치다/수리하다

I asked Tom to fix the PC.
(나는 톰에게 컴퓨터를 고쳐 달라고 부탁했다.)

repair ~ (고장 난 것을) 수리하다

His job is to repair cars.
(그의 직업은 자동차를 수리하는 것이다.)

mend ~ (망가진 것을) 수선하다

Can you mend the broken chair?
(망가진 의자를 고칠 수 있습니까?)

correct ~ (잘못을) 바로잡다

Correct the mistakes in the draft.
(원고의 오류를 수정해주세요.)

revise ~ ~을 수정하다/개정하다

The revised version of that book was released.
(그 책의 개정판이 출간되었다.)

cure ~ (질병을) 낫게 하다

The medicine will cure the stomachache.
(그 약으로 복통은 나을 겁니다.)

heal ~ (외상을) 치료하다/치유하다

The burn scar will heal in a month or so.
(화상 흉터는 한 달 정도면 나을 겁니다.)

'정렬하다'는 '위치 관계'를 의식해서

'정렬하다'를 뜻하는 단어는 각각의 뉘앙스 차이가 뚜렷한데요, 단어를 나누는 기준은 '겉보기의 차이'입니다. 단어를 잘못 사용하면 자신이 생각했던 대로 정렬되지 않을 수 있으니 잘 구별해서 쓰도록 합시다.

arrange ~ ~을 (순서대로/질서정연하게) 배열하다

Arrange chairs in this room. (이 방에 의자를 가지런히 배치하세요.)

arrange는 '(순서대로/질서정연하게) 배열하다'라는 의미입니다. '순서대로/질서정연하게'라는 부분이 arrange에 포함된 뉘앙스인데요, '깔끔하게 배열한다'는 표현도 가능합니다.

arrange는 물건을 진열할 때 외에도 He arranges his hair. (그는 머리를 손질했다.)나 He arranged the music. (그는 음악을 편곡했다.)처럼 쓸 수도 있습니다.

line up ~ ~을 (줄로) 세우다

Line up chairs in two rows. (의자를 두 줄로 배열하세요.)

line up은 '~을 (줄로) 세우다'라는 의미입니다. '줄로'라는 뉘앙스가 강하게 드러나는 단어죠.

put ~ side by side ~을 나란히 세우다

Please put these two paintings side by side on the wall.

(이 그림 두 장을 나란히 벽에 걸어주세요.)

put은 '~을 놓다', side by side는 '옆으로 줄지어/나란히'라는 의미입니다. 따라서 put ~ side by side라고 하면 '~을 나란히 세우다'라는 뜻입니다. 위 예문에는 두 장의 그림을 '옆으로 나란히' 둔다는 뉘앙스가 포함되어 있죠.

나란히 놓을 대상이 세 개나 네 개일 때도 side by side를 쓸 수 있습니다.

display ~ ~을 진열하다

Display the popular books on the shelf.

(인기 있는 책을 서가에 진열하세요.)

'보여주다' 항목에서도 등장했던 display에는 '진열하다'라는 뉘앙스가 있습니다. 상품 등을 가치 있는 것으로 '보여주다/진열하다'라는 의미는 '보여주다'에서 설명한 대로입니다.

'익숙해지다(변화)'와 '익숙하다(상태)'는 다르다

영어에서는 '익숙해지다'와 '익숙하다'를 구별해 씁니다. '익숙해지다'는 **'동작(상태의 변화)'**을 나타내는데 **'익숙하지 않은 상태에서 익숙한 상태가 된다'**는 의미죠. 반면 '익숙하다'는 말은 '상태' 그 자체를 나타냅니다. '어제도 오늘도 내일도 익숙하다'는 '상태'에 변화가 없습니다.

 get used to [명사] ~에 익숙해지다

Have you **got used to** your new life? (새로운 생활에 적응하셨나요?)

'~에 익숙해지다'라는 표현은 크게 두 가지로 나뉩니다. 하나는 get used to [명사] 표현입니다. get은 '~의 상태로 변화하다'라는 뉘앙스로 사용합니다. 여기에서 to는 to 부정사가 아니라 전치사이므로 뒤에 명사가 옵니다.

 get used to ~ing ~하는 데 익숙해지다

You should **get used to** speaking in public.
(대중 앞에서 말하는 데 익숙해져야 해요.)

앞의 예문과 형태는 비슷하지만 to 뒤에 ~ing가 왔습니다. 앞에서 to는 '전치사'라고 설명했죠. 전치사 뒤에는 '명사'가 오는 패턴과 '동명사' ~ing가 오는 패턴 두 가지가 있습니다. 동명사는 동사가 명사로 변환된 것이므로 명사 역할을 합니다. 의미는 '~하는 것'입니다.

 ## be used to [명사] ~에 익숙하다

My cat is used to a bath. (제 고양이는 목욕에 익숙해요.)

'~에 익숙하다'라는 두 번째 표현은 get 대신에 be 동사를 사용하는 것입니다. be used to [명사] 형태로 표현하며 '~에 익숙하다'라는 뜻입니다. be 동사는 '상태' 자체를 나타내는 단어입니다.

위 예문에서는 '어제도 오늘도 내일도 우리 고양이는 목욕에 익숙해져 있다(이 상태는 변하지 않는다)'는 뉘앙스를 나타냅니다.

 ## be used to ~ing ~하는 것에 익숙하다

He is used to driving on a snowy road. (그는 눈길 운전에 익숙해요.)

be 동사로 표현한 be used to의 뒤에 ~ing인 '동명사'가 오는 패턴입니다. 따라서 '~하는 것에 익숙하다'라는 의미입니다.

지금까지 get을 쓰는 패턴, be 동사를 쓰는 패턴, to 뒤에 '명사'가 오는 패턴, to 뒤에 '동명사'가 오는 패턴까지 총 네 가지를 소개했습니다. 처음에는 머릿속이 복잡할 텐데요, get은 '~이 되다', be 동사는 '~인 상태', 전치사 to 뒤에는 명사나 동명사가 온다고 정리해두세요.

'남다'는 '어떤 식으로 남아 있는가'로 판단한다

'남다/남기다'를 뜻하는 단어도 다양한 뉘앙스가 있습니다. 여기에서는 자동사 '남다'와 타동사 '남기다' 둘로 나누어 설명하겠습니다.

 [자동사 ①] remain 남아 있다

An old castle remains in the village. (마을에는 오래된 성이 남아 있다.)

자동사는 모두 remain입니다. 그만큼 remain에는 다양한 뉘앙스가 있습니다. 위 예문에서는 '남아 있다'라는 의미로 쓰였는데 '자연스레 그렇게 되었다'는 뉘앙스입니다. 인위적으로 뭔가 손을 댄 것이 아니라 '손길이 닿지 않은 그대로의 상태를 유지하고 있다'는 뜻입니다.

 [자동사 ②] remain 머무르다

Five people remained there. (다섯 명이 그곳에 남았다.)

위 예문에서는 remain을 '머무르다'라는 의미로 사용했습니다. **본인의 의지로 그곳에 있다**는 뉘앙스입니다. '어쩌다 보니 그렇게 된 것이 아니라 본인의 의지로 갔다'는 느낌이죠.

비슷한 의미로 stay도 있습니다. stay는 '단기적으로' 머무른다/체류한다는 뉘앙스이고, remain은 stay보다 '장기간' 그곳에 머무른다/남는다는 뉘앙스입니다. 미세한 차이라서 stay를 써도 대화에서 크게 문제되지는 않지만 가능하면 뉘앙스로 구별해서 쓰기 바랍니다.

제1장
동사

제2장
어원

제3장
접두사
접미사

제4장
키우기
영단어
센스

 [자동사 ③] remain ~인 (상태) 그대로 있다

Sunflowers still **remain** beautiful. (해바라기는 여전히 아름답게 피어 있다.)

위 예문에서는 '~인 (상태) 그대로 있다'는 의미로 쓰였습니다. 여기에 stay를 써도 되지만 remain은 **'자연스레' 그 상태로 되어 있다**는 뉘앙스입니다.

문법적으로 보면 1번과 2번의 remain은 S + V로 이루어진 1형식 문형이고, '~인 (상태) 그대로 있다'는 뜻으로 쓰인 3번의 remain은 S + V + C의 2형식 문형입니다. 이 예문에서는 remain 뒤에 beautiful이라는 형용사가 온다는 점에 주의하세요.

 [자동사 ④] be left 남겨져 있다

Many cars **were left** on the road after the earthquake.

(지진 이후 많은 차량이 도로에 방치되었다.)

타동사의 수동태는 자동사로 쓸 수 있으므로 be left는 '남겨져 있다'라는 의미입니다. remain은 '자연스레 그렇게 되었다'라는 뉘앙스가 강하지만, be left는 **'인위적으로 그렇게 되었다', '의도적으로/일부러/어쩔 수 없이' 같은 뉘앙스가 강하다**는 점이 큰 차이입니다.

 [타동사 ①] leave 남기다

My son usually **leaves** vegetables. (우리 아들은 늘 채소를 남긴다.)

이제 '남기다'라는 의미의 타동사 단어를 알아보겠습니다.

leave는 아주 일반적인 '남기다'를 나타냅니다. 앞에 나왔던 be left의 능동태인데요, 그래서 be left의 뉘앙스에 가깝고, '남기다'라는 의미에서 보듯이 사람의 의지로 뭔가를 남겼다는 뉘앙스가 있습니다. 또 leave는 여러 뜻이 있는 단어인데, 원래 의미는 '어떤 곳에서 나가다'입니다. 여기에서 **'출발하다', '떠나다', '남기다' 등의 의미가 파생**되었습니다.

문법적인 관점에서 설명하면 leave는 S＋V＋O＋C의 5형식 동사로, 'O를 C인 채로 두다'라는 뜻입니다. 예를 들면 She left the window open. (그녀는 창문을 열어두었다.)과 같이 표현할 수 있습니다. 분사를 공부할 때 자주 등장하니 알아두면 좋은 단어입니다.

 [타동사 ②] save 남겨두다

Save some melon for me. (내 몫의 멜론을 좀 남겨두세요.)

save는 '남겨두다'라는 의미입니다. 게임 등의 데이터를 저장한다는 표현에도 save를 쓰지요.

save의 본래 의미는 '안전하게 하다'인데요, 여기에서 **'지키다', '저장하다', '절약하다', '생명을 구하다', '남겨두다'라는 의미가 파생되었습니다.** '안전하게 하기' 위해서 '덜어두다/남겨두다'라는 의미로 이어집니다. 같은 뜻의 keep으로 바꿔 쓸 수 있습니다.

 [타동사 ③] retain 유지하다

His great achievement should be retained to future generations.
(그의 위대한 업적은 후대에 남겨져야 한다.)

retain은 '유지하다'라는 의미입니다. '보존하다', '그 상태를 계속 이어가다'라는 뜻으로 이해하면 됩니다. '보존하다'에 해당하는 단어로 preserve도 있습니다.

preserve가 '무언가를 상자 안에 넣어서 보존하는' 느낌이라면, retain은 '그 상태 그대로 보존한다'는 뉘앙스입니다. 두 단어 모두 keep으로 바꿔 쓸 수 있지만 뉘앙스가 조금 다르니 retain이라는 단어도 참고로 알아두면 좋겠죠.

'놀라다'는 '마음의 정도'로 단어를 선택한다

제2장
어원

제3장
접두사
접미사

제4장
키우는
영단어
센스

원어민은 놀라는 방식의 차이에 따라서 '놀라다'를 뜻하는 단어를 구별해 씁니다. 놀람을 나타낼 때 쓰는 표현으로 여기에서 설명하는 세 가지만 알아두면 문제없습니다. 사람의 감정을 나타내는 말이므로 적절한 단어를 사용해서 자신의 느낌을 정확하게 전달하세요.

be surprised 놀라다

He was surprised at the news. (그는 그 소식에 놀랐다.)
He was surprised to hear the news. (그는 그 소식을 듣고 놀랐다.)

'놀라다'라는 의미로 가장 많이 사용하는 단어는 surprise일 텐데요. surprise의 본래 의미는 '놀라게 하다'이므로 사람을 주어로 할 때는 be surprised처럼 수동태로 씁니다. **놀람의 정도는 '보통' 수준입니다.**

위 예문처럼 surprised 뒤에는 전치사 at이나 to + 동사(원형 부정사)가 옵니다. to 부정사를 쓸 때는 그 뒤에 '놀란 원인'을 말합니다.

be astonished 깜짝 놀라다

I was astonished at her marriage. (나는 그녀의 결혼에 깜짝 놀랐다.)

I was astonished to learn her marriage.

(나는 그녀의 결혼 사실을 알고 깜짝 놀랐다.)

be astonished는 '깜짝 놀라다'라는 의미입니다. surprise와 마찬가지로 astonish도 사람이 주어일 때는 be astonished처럼 수동태로 씁니다. **놀람의 정도는 be surprised보다 높습니다.** 말이 나오지 않거나 숨을 죽이게 되는, 혹은 눈이 휘둥그레질 만큼 놀랐다는 뉘앙스가 들어 있습니다.

또 astonished 뒤에는 surprise와 마찬가지로 전치사 at이나 이유를 나타내는 부정사가 옵니다.

be amazed 경탄하다

Everyone was amazed at his winning the Nobel Prize.

(모두가 그의 노벨상 수상에 경탄했다.)

Everyone was amazed that he won the Nobel Prize.

(모두가 그가 노벨상을 받은 사실에 경탄했다.)

be amazed의 의미는 '경탄하다'입니다. 놀람의 정도는 상당히 높은데 '깜짝 놀랐다'기보다 **놀람에 '감탄'이 섞인 뉘앙스입니다.**

surprise, astonish와 마찬가지로 amaze도 사람을 주어로 할 때는 수동태인 be amazed로 씁니다.

두 번째 예문에서는 amazed 뒤에 that 절이 왔지요. be surprised와 be astonished 뒤에도 that 절이 올 수 있습니다. that 절에는 부정사와 마찬가지로 경탄한 이유가 옵니다.

'일어나다'는 '일어나는 상황'으로 판별한다

'일어나다'를 뜻하는 단어는 어떻게 일어났는가 하는 상황의 차이에 따라서 구별합니다.

 happen (우연히) 일어나다

A big accident **happened** a little while ago. (조금 전에 큰 사고가 있었어.)

happen은 '(우연히) 일어나다'라는 의미입니다. 다음으로 설명할 occur와 같은 뜻인데 위 예문 해석에서도 알 수 있듯이 주로 회화에서 쓰입니다. 어떤 단어를 쓸지 망설여질 때 happen을 쓰면 큰 문제는 없습니다.

'일어나리라고 예상치 못했다'는 뉘앙스가 포함되어 있어 **'일어나서 깜짝 놀랐다'는 느낌 이 상대에게 전달됩니다.**

 occur (우연히) 일어나다

A big accident **occurred** a little while ago.
(조금 전 큰 사고가 발생했습니다.)

happen과 마찬가지로 occur도 '(우연히) 일어나다'라는 의미인데 조금 딱딱한 표현이어 서 뉴스 원고 등에 많이 쓰입니다. '무슨 일이' 일어났는지를 나타내는 주어 부분이 명확할 때 는 occur를 씁니다.

한 가지 주의할 점은 occur의 과거형 철자인데요, r이 하나 더 붙은 occurred입니다.

break out (돌발적으로) 발생하다

Earthquakes will often break out in Japan.
(일본에서는 지진이 자주 발생한다.)

break out은 '(돌발적으로) 발생하다'라는 의미입니다. happen이나 occur 등의 '우연히'와는 뉘앙스가 다르지요. **'돌발적으로'이므로 갑자기 일어난다는 뉘앙스가 강합니다.** 따라서 break out은 '뭔가가 깨져서 갑자기 튀어나오다'라는 의미입니다.

break out은 지진 외에도 자연 현상이나 전쟁, 테러 같은 큰 사건 또는 역사적인 사건 등에 자주 쓰이는 단어입니다.

take place (변화가) 일어나다

Personnel changes took place in my company.
(회사에서 인사이동이 있었다.)

take place는 '(변화가) 일어나다'라는 의미입니다. 다른 단어에 비해 사람의 감정이 들어가거나 '갑자기 발생했다'는 뉘앙스는 없습니다. **담담하게 그냥 어떤 일에 변화가 생겼다는** 뉘앙스입니다.

take place는 take(바꾸다)와 place(장소)가 합쳐져 '장소가 변화하다'라는 의미이므로 **'변화가 일어난다'는 느낌보다 '바꾸어 놓다'라는 뉘앙스가 강합니다.**

| 제 1 장 | 동사

[동의어 ⑳] 늦다 |

제1장
동
사

제2장
어
원

제3장
접
두
사
·
접
미
사

제4장
영
단
어
카
우
가
센
스

'늦다'는 '무엇에 늦는지'로 구별한다

'늦다'라는 의미의 단어는 세 가지밖에 없습니다. 각각 뉘앙스가 크게 다르니 확실하게 알아
두세요.

 ## be late 지각하다

Don't be late for the meeting time. (회의 시간에 늦지 마세요.)

be late는 '지각하다'라는 의미로 **'내가 원인'이 되어 늦었다는 뉘앙스가 강합니다.** 위
예문처럼 동작에 대해 말하는 뉘앙스도 있는데요, '동작이 느리다는 뉘앙스'로 이해하면 되
겠습니다.

 ## miss (시간에 늦어) 놓치다

Hurry up, or you will miss the last train.
(서둘러, 안 그러면 막차를 놓칠 거야.)

miss는 '(시간에 늦어) 놓치다'라는 의미입니다. 위 예문에서는 '놓친' 결과 '막차를 타지
못한다'는 뒷부분의 뉘앙스가 강합니다. miss의 본래 의미가 '과녁을 못 맞히다'라서 '할 수
없다'는 can't의 뉘앙스가 포함되어 있기 때문이죠. 이 뉘앙스에서 **'놓치다', '빗나가다', '~
이 없어서 아쉽다'** 등의 의미가 파생되었습니다.

be behind/delay 예정보다 늦다

The release of our new product is about a month behind schedule.

The release of our new product has delayed about a month.

(저희 신제품 출시가 예정보다 한 달 정도 지연되었습니다.)

be behind와 delay는 같은 뉘앙스로 쓰일 수 있으며 '예정보다 늦어지다'라는 의미입니다. 위 예문처럼 be behind는 'be + [기간] + behind'의 순서로 쓰기도 합니다.

delay에는 schedule의 의미도 포함되어 있다고 보기 때문에 be behind와 달리 schedule을 쓰지 않는 점에 주의하세요.

lose/gain (시계가) 느리다/(시계가) 빠르다

시계가 '느리다', '빠르다'라는 표현을 알아보겠습니다.

My watch loses three minutes. (내 시계는 3분 느리다.)

My watch gains three minutes. (내 시계는 3분 빠르다.)

'(시계가) 느리다'는 표현에는 lose를 씁니다. 본래 lose는 '~을 잃다'라는 의미인데요, 그대로 직역하면 '10시에서 3분을 잃었다' 같은 식으로 표현할 수 있겠죠. 여기에서 '시계는 9시 57분을 가리키고 있다' ⇒ '3분 느리다'가 됩니다.

'(시계가) 빠르다'는 표현에는 gain을 씁니다. gain의 본래 의미인 '~을 늘리다', '~을 얻다'에서 의미가 파생되었습니다.

'끝나다'는 '끝난 뒤의 감정과 상황'이 중요하다

'끝나다'를 뜻하는 단어는 각각 뉘앙스가 크게 다릅니다. '끝나는 방식'의 차이에 따라서 단

어를 구별합니다.

 end 종료하다

My work ends at five p.m. (내 업무는 오후 5시에 끝난다.)

end는 '종료하다'라는 의미로, 단순히 '끝난다'는 동작을 나타낼 때 사용합니다. finish나

complete와 다른 점은 **'어떤 목적이 완료되었다'라는 '성취감'의 뉘앙스가 없다**는 점입니

다. 또 end는 '하던 중에 끝나다'라는 의미로도 쓰이는 점이 다른 단어와 큰 차이입니다.

 finish ~ ~을 완료하다

Please finish this work by tomorrow. (내일까지 이 작업을 완료해주세요.)

finish는 '완료하다'라는 의미입니다. end와 달리 **'종료하다'보다는 '완료하다'라는 뉘앙

스입니다.** 따라서 '어떤 목적을 완료했을' 때 사용합니다. finish는 타동사이므로 뒤에 '목적

(~을)'을 나타내는 명사가 붙습니다.

complete ~ ~을 끝까지 해내다

He has completed all his works. (그는 모든 일을 해냈다.)

complete는 '끝까지 해내다'라는 의미입니다. finish와 비슷하지만 **'끝마쳤다'는 뉘앙스가 강합니다.** '달성했다'라고 해도 좋겠네요. '끝나다'라는 뜻을 가진 단어 중에서 '성취감'의 뉘앙스가 가장 많이 드러나는 것이 complete입니다. 얼핏 보기에 complete와 finish에 큰 차이가 없는 듯하지만 제 경험상 많은 원어민이 finish와 complete를 엄밀하게 구별해 쓰고 있습니다.

be over 끝났다

The party is over already. (파티는 이미 끝났어요.)

be over는 '끝났다'는 뜻입니다. end의 '끝난다'는 동작이 아니라 **'끝난 상태'**를 나타내는 뉘앙스입니다.

위 예문처럼 원어민은 완료형이 아닌 문장에도 already를 많이 씁니다. over에 '이미'라는 의미가 있으니 굳이 완료형을 쓸 필요가 없는 거죠.

wasted (게임 화면에서) 종료

게임 화면에 'WASTED'라는 단어만 나올 때가 있죠? 이때의 wasted는 '끝났다'는 뜻입니다. '죽었거나' '살해당했다'는 뉘앙스입니다. 속어 같은 느낌이기 때문에 회화에서 쓸 기회는 많지 않을 수 있습니다. 이럴 때 쓰이는 wasted는 '낭비'라는 뜻이 아니니 주의하세요.

'참가하다'의 구별 기준은 '규모'

'참가하다'를 뜻하는 단어의 뉘앙스 자체에는 큰 차이가 없습니다. 원어민은 대체 어떤 식으로 단어를 구별하는지 하나씩 확인해볼까요?

 join ~   ~에 동참하다/동료가 되다

Can I join your talk? (이야기에 끼어도 될까?)

join은 '참가하다'보다는 '합류하다', '동료가 되다'라는 의미입니다. '단체'가 아니라 **개인적인 동료 사이의 '울타리' 안으로** 들어간다는 뉘앙스입니다.

비슷한 단어로 attend(참가하다)가 있는데 뉘앙스는 다릅니다. join은 '동료와 함께 어떤 활동이나 행동을 한다'는 뉘앙스인데, attend에는 그런 뉘앙스가 없습니다. attend에는 '여러 사람이 모인 곳에 있다'는 정도의 뉘앙스밖에 없어서 '함께 활동하거나 행동한다'는 부분까지는 표현할 수 없습니다.

 take part in ~   ~에 참가하다

I will take part in a volunteer activity. (봉사활동에 참여하고 싶어.)

take part in은 '~에 참가하다'라는 의미입니다. '참가하다'라는 뉘앙스에 가장 가까운 숙어로, 일상 회화에서 자주 쓰는 표현이죠. take(~을 담당하다)와 part(일부분/일원), in(~의)

세 단어가 합쳐진 형태입니다.

take part in은 join처럼 '동료들의 모임' 같은 개인적이고 작은 모임이 아니라 인원수가 더 많은 '단체'에 참가하는 느낌입니다. 적어도 6, 7명 이상이라는 뉘앙스가 있습니다.

 participate in ~ ~에 참가하다

Please inform me if you would like to **participate in** camping by tomorrow. (내일까지 캠핑 참가 여부를 알려주세요.)

participate in은 '~에 참가하다'라는 의미입니다. take part in과 같은 의미인데 조금 딱딱한 표현이라서 회화에서는 take part in을 더 많이 씁니다.

take part in과 participate in은 join과 달리 **'공적인 것'에 참가한다**는 뉘앙스가 강합니다.

'조사하다'는 '조사 대상'으로 결정

원어민은 '조사하다'를 뜻하는 단어를 '조사 방식'의 차이에 따라 구별합니다. 단어에 포함된 뉘앙스 차이도 뚜렷합니다.

 check ~ ~을 확인하다

I checked the program and found many mistakes.

(프로그램을 확인해보니 많은 오류가 있었다.)

check는 **'조사하다'보다는 '확인하다'라는 뉘앙스가 강합니다.** '맞는지 틀렸는지 확인하다', '○인지 ×인지로 구별하다'라는 느낌입니다.

일상에서도 '체크하다'라고 표현하거나 신고서 등에 있는 네모난 칸을 '체크 박스'라고 하는데 check의 뉘앙스가 바로 이겁니다.

 examine ~ (~의 능력/상태)를 조사하다

Let's examine the endurance of the new product.

(신제품의 내구성을 알아봅시다.)

examine은 '(~의 능력/상태)를 조사하다'라는 의미입니다. 여기에 나오는 단어나 숙어는 모두 '조사하다'의 뉘앙스입니다.

'조사하다'라는 단어 중에서도 examine은 '주의 깊게' 조사한다는 느낌입니다.

기계뿐만 아니라 사람의 능력이나 상태를 '주의 깊게' 살펴본다는 의미로도 쓸 수 있습니다. examine의 명사형은 examination(시험)입니다. 시험은 그야말로 '사람의 능력을 알아보기 위한 검사'죠.

 ## investigate ~ ~을 수사하다

The police are investigating the case. (경찰은 그 사건을 수사하고 있다.)

investigate는 '~을 수사하다'라는 의미입니다. '수사하다'는 '찾아보고 조사하다, 증거를 수집하다'라는 의미이므로 일상생활에서 사용할 수 있는 상황은 제한적이겠지요. 텔레비전이나 신문 등 뉴스에 주로 등장하는 단어입니다. 딱딱한 표현이므로 일상 회화에서는 다음에 소개할 look into ~를 많이 씁니다.

 ## look into ~ ~을 꼼꼼히 살펴보다

Look into the cause of this error. (이번 실수의 원인을 찾아보세요.)

look into는 investigate와 마찬가지로 '수사하다'로 번역할 때도 있는데요, 차이를 보자면 **'꼼꼼히 살펴본다'**는 뉘앙스가 강합니다. look into를 하나씩 따로 생각하면 look(보다)과 into(~의 안을)로 나눌 수 있죠. '어떤 대상물의 안을 구석구석 꼼꼼히 살펴본다'는 뉘앙스입니다. '깊이 파헤치다'라고 표현해도 좋겠네요. check에 비하면 '꼼꼼한' 정도가 상당히 높습니다. investigate보다는 아주 부드러운 표현이므로 일상 회화에서도 적극적으로 사용했으면 하는 숙어입니다.

search A for B B가 없는지 A를 조사하다

I searched the kitchen for something to eat.

(나는 먹을 것이 없는지 부엌을 살폈다.)

search A for B는 'B가 없는지 A를 조사하다'라는 의미입니다. '조사하다'라고는 했지만

'이리저리 찾아본다'는 뉘앙스가 강합니다.

search는 전치사 for와 함께 쓰일 때가 많습니다. 전치사 for는 '~을 위해서'라는 의미로,

search와 함께 잘 쓰이니 search와 for를 한 세트로 묶어서 외우면 좋겠죠.

비슷한 표현으로 seek가 있습니다. seek는 지위나 이익 등 '눈에 보이지 않는 것'을 찾는

느낌입니다. search는 위 예문처럼 빵이나 과자 등 '눈에 보이는 것/물리적인 것'을 찾거나

살피는 뉘앙스입니다.

look up ~ ~을 (사전에서) 찾아보다

I looked up the meaning of this word. (나는 이 단어의 의미를 찾아보았다.)

look up은 '~을 (사전에서) 찾아보다'라는 의미입니다. **해당하는 것을 '골라낸다'**는 뉘앙

스이죠. 중학 영어에서는 보통 look up을 '~을 올려다보다'라는 의미로 배울 텐데요, '~을

(사전에서) 찾아본다'는 의미도 있으니 기억해두세요.

그림 1-6 '조사하다'를 뜻하는 단어 정리

check ~ ~을 확인하다

I checked the program and found many mistakes.
(프로그램을 확인해보니 많은 오류가 있었다.)

examine ~ (~의 능력/상태)를 조사하다

Let's examine the endurance of the new product.
(신제품의 내구성을 알아봅시다.)

investigate ~ ~을 수사하다

The police are investigating the case.
(경찰은 그 사건을 수사하고 있다.)

look into ~ ~을 꼼꼼히 살펴보다

Look into the cause of this error.
(이번 실수의 원인을 찾아보세요.)

search A for B B가 없는지 A를 조사하다

I searched the kitchen for something to eat.
(나는 먹을 것이 없는지 부엌을 살폈다.)

look up ~ ~을 (사전에서) 찾아보다

I looked up the meaning of this word.
(나는 이 단어의 의미를 찾아보았다.)

'나아가다'는 단어별 뉘앙스를 중요하게

'나아가다/진행시키다'를 뜻하는 단어는 '진행 방식'의 차이에 따라 구별합니다. 각각의 단어가 가진 뉘앙스를 확실하게 이해합시다.

 ### [자동사 ①] move 나아가다

Let's move ahead. (앞으로 나아갑시다.)

move는 '나아가다'라는 의미입니다. 영어에서 가장 기본적인 단어인데 뉘앙스도 함께 외워두세요. move는 사람이나 기계 등 물리적인 것을 '움직인다'는 뜻 외에도 추상적인 것(생각이나 아이디어)이 '발전할' 때도 쓸 수 있습니다. 단, move에는 **'앞으로' 나아간다는 방향을 가리키는 뉘앙스가 없으므로** 위의 예문처럼 ahead(앞으로) 같은 단어를 추가하면 의미 전달이 쉽습니다.

move 대신에 go를 쓸 수도 있는데요, **go ahead는 '앞으로 나아가다'보다는 '계속합시다'라는 뉘앙스가 강합니다.**

 ### [자동사 ②] advance 진전하다

The energy issue has advanced to the next stage.
(에너지 문제는 다음 단계에 들어갔다.)

advance는 '진전하다'라는 의미입니다. '물리적인 이동'보다는 **기술이나 능력이 '발전하다', '진화하다'라는 뉘앙스가 강합니다.** '현재 수준'에서 '다음 수준'으로 '나아간다'는 느낌입니다.

학원이나 문화센터 수업에서도 '스탠더드 클래스' 다음 단계를 '어드밴스 클래스'라고 하기도 하는데 영어도 같은 뉘앙스입니다.

문장에서 자주 보는 표현으로 advance의 숙어인 in advance(미리, 사전에)가 있습니다.

[자동사 ③] proceed 앞으로 나아가다

Please **proceed** along the floor line. (바닥의 선을 따라 이동해주세요.)

proceed는 '앞으로 나아가다'라는 의미입니다. '앞으로'라는 뉘앙스가 이미 들어 있다는 점이 move와 다릅니다.

물리적으로 앞으로 간다는 의미로도 쓰이지만 위 예문은 '말한 대로 줄을 잘 서서 모두 같은 속도로 나아가고 있다'라는 뜻입니다.

advance와 마찬가지로 proceed도 추상적인 것이 '앞으로 나아가다'라는 의미로 쓰이지만 뉘앙스가 조금 다릅니다. advance는 '수준이 올라가다', proceed는 '다음 단계로'라는 뉘앙스입니다.

조금 헷갈리겠지만 advance가 '위로' 올라가는 느낌이고, proceed는 '다른' 단계나 과정으로 넘어가는 느낌이라서 꼭 '위로' 올라가지는 않습니다.

[타동사 ①] advance ~ ~을 전진시키다/진전시키다

The commander advanced his troops. (사령관은 병사를 전진시켰다.)

Shall we advance our dialogue to solve the problem?

(문제 해결을 위해 대화를 진행해볼까요?)

advance는 자동사 외에 타동사로도 쓰입니다. '~을 전진시키다/진전시키다'라는 뜻으로,

뉘앙스는 자동사와 거의 같습니다.

첫 번째 예문에서는 병사를 물리적으로 '전진'시켰지요. 반면 두 번째 예문에서는 '대화라는

개념'을 진전시키는 의미로 쓰였습니다.

advance와 비슷한 표현으로 develop이 있습니다. '성장하다', '발전하다'라는 의미이니

비슷하다고 여겨지겠지만 develop은 '뭔가가 앞으로 나아가다'보다는 '그 자체가 커진다'는

뉘앙스입니다. 예컨대 개발도상국을 a developing country라고 표현하는데 이것은 '국가

가 성장해서 커지고 있는' 상태라는 뉘앙스에서 왔습니다.

[타동사 ②] promote ~ ~을 촉진하다

What is needed to promote the reduction of greenhouse effect

gas? (온실가스 감축을 촉진하기 위해 무엇이 필요할까요?)

promote는 '~을 촉진하다'라는 의미인데요, 지금까지의 활동이나 사고방식을 '더 크게 하

다', '모두에게 널리 퍼뜨리다'라는 뉘앙스에서 파생되었습니다.

신상품을 발매할 때 제품의 장점을 세상에 알리기 위해서 신문이나 텔레비전에 광고를 내

지요. 이런 활동을 '프로모션'이라고 하는데 사람들에게 신상품의 장점을 '널리 알려서 인지

도를 높이기' 위해서 하는 일이죠. 바로 그런 뉘앙스입니다.

[타동사 ③] proceed with ~ ~을 추진하다

We need to proceed with reform of the welfare of our company.
(회사의 복리후생을 개선할 필요가 있다.)

자동사 proceed에 with를 붙여서 타동사처럼 쓸 때가 있는데 '~을 추진하다'라는 의미이고 뉘앙스는 자동사와 같습니다. 위 예문에서는 복리후생을 '더 좋게 만들다', '한 단계 업그레이드하다' 등의 뉘앙스로 쓰였습니다.

'확인하다'는 '걱정하는 정도'로 구별한다

원어민은 '확인하다'라는 의미의 단어를 **'확인 방식'**으로 구별합니다.

 make sure ~ ~을 확실히 하다

Please **make sure** if he comes today or not.

(그가 오늘 오는지 확인해주세요.)

make sure는 '확실히 하다'라는 의미입니다. 즉 'Yes인지 No인지를 확실히 한다'는 뉘앙스입니다. 얼핏 check와 같은 뉘앙스로 보이지만 미세한 차이가 있습니다.

check가 사실 확인에 대해서 '○인지 ×인지', '흑인지 백인지' 하는 양자택일의 느낌이라면 make sure는 **'지금부터 일어날 일이 확실한지 아닌지를 분명히 한다'**는 느낌입니다.

위 예문은 '오늘 그가 오기로 했는데 정말로 오는 거 맞죠?'라고 상대에게 확인하는 뉘앙스입니다.

 confirm ~ ~이 틀림없는지 확인하다

Please **confirm** our hotel reservation.

(호텔 예약이 되어 있는지 확인해주세요.)

confirm은 '틀림없는지 확인하다'라는 의미입니다. 뜻만 보면 make sure와 비슷하지만

make sure는 '이후에 일어날 행동이나 사건'에 초점이 맞춰져 있고 **confirm은 '약속이나 정보'에 초점을 맞춰 틀림없는지 확인한다**는 뉘앙스입니다.

confirm은 con-(강하게)과 -firm(단단히 하다)이 합쳐진 단어로, 본래 의미가 '공고히 하다'입니다. 여기에서 '틀림없는지 확인하다'라는 의미가 파생되었습니다.

예문에서는 '호텔 예약을 했는데 그 일정이나 정보가 틀림없는지 확인해주세요'라는 뉘앙스가 있습니다.

 ## check ~ ~에 문제가 없는지 살피다

Please check the manuscript once again.
(원고에 실수가 없는지 다시 한번 확인해주세요.)

check는 '~에 문제가 없는지 살피다'라는 의미입니다. check는 '조사하다' 항목에서도 등장했지요.

'맞는지 틀렸는지 확인하다'라는 뉘앙스이므로 원고나 서류에 정정할 부분이 있는지 없는지를 확인할 때 자주 쓰는 단어입니다. confirm의 뉘앙스를 조금 부드럽게 한 표현이라고도 할 수 있습니다.

'의논하다'는 상황을 판단해 구별한다

'의논하다'를 뜻하는 단어는 각각 뉘앙스가 크게 다릅니다. 적절하게 단어를 구별하지 않으면 상대에게 다른 뉘앙스로 전달되니 주의해야 합니다.

 discuss ~ ~을 상의하다

Let's discuss the next summer trip.

(다음 여름휴가 여행에 대해 상의합시다.)

discuss는 '~을 상의하다'라는 뉘앙스입니다. **'서로 이야기하면서 의견을 주고받는다'라는 의미에 가장 가까운** 단어입니다.

discuss에는 **'특정 화젯거리나 문제에 대해 서로 이야기한다'**는 뉘앙스가 있습니다.

'의논하다'라는 뜻인 만큼 생각하는 바를 공유하여 깊이 이해하고 서로가 수긍할 수 있는 형태로 답을 도출하는 긍정적인 이미지의 단어입니다.

주의할 포인트는 discuss가 **타동사**라는 점입니다. 그래서 전치사 없이 바로 명사 목적어가 올 수 있습니다.

negotiate 협상하다

Just **negotiate** about the matter with them again.
(그 사안에 대해서는 상대와 다시 협상하세요.)

negotiate의 뉘앙스는 '협상하다'입니다.

'협상하다'는 '서로 다른 의견과 입장을 가진 사람들'이 대화한다는 것이죠. 수긍했는지 아닌지와 관계없이 '타협점을 찾기' 위해 대화한다는 뉘앙스입니다. 그런 의미에서 그다지 긍정적인 이미지는 없다고 하겠습니다.

discuss와 달리 negotiate는 **자동사**입니다. 그래서 '~에 대해'라고 표현하려면 about을 써야 하죠. negotiate about이라고 하면 '~에 대해 협상하다'라는 뜻이 됩니다. 예문에 있는 '상대'는 them으로 나타냅니다.

 ## debate ~ ~을 토론하다

The human rights issue is often **debated** in Mr. Kim's class.
(김 선생님 수업에서는 인권 문제에 대해 자주 토론한다.)

debate는 '토론한다'는 뉘앙스입니다. '의논하다'보다는 '논쟁을 벌인다'는 의미로, '싸움'에 가까운 뉘앙스가 있습니다. '생각과 입장이 다른 사람들'이 토론 대상입니다.

여기까지는 negotiate와 거의 같은 내용인데요, **debate는 '자신의 입장을 주장하고 상대를 설득해서 이긴다'는 뉘앙스도 강합니다.** 그래서 합의점이나 타협점을 찾지 않습니다.

'계속되다'는 '어떻게 계속되는지'를 의식한다

'계속되다'는 다양한 뉘앙스 표현이 가능해서 편리한 단어인데요, 영어에서는 명확한 구별 기준이 있습니다.

 continue ~ ~을 계속하다

We will **continue** to talk with them to solve the issue.

(문제를 해결하기 위해 그들과 계속 협의해나갈 것이다.)

continue는 '~을 계속하다'라는 뉘앙스입니다. 자동사와 타동사 양쪽 모두 쓰이며 의미는 같습니다. **'같은 일을 계속해 나간다'**는 느낌이죠. 위 예문처럼 continue 뒤에는 to 부정사 가 올 때가 많고 동명사가 오기도 합니다. 또 **'일단 중단한 것을 재개하다'**라는 의미로도 쓰 입니다. 게임을 저장한 데에서 시작하는 것을 '컨티뉴'라고 하지요.

이걸 기억하면 쉽게 이해되겠죠?

 go on ~ ~을 속행하다

Please **go on** the current job. (지금 하고 있는 업무를 계속하세요.)

go on은 '~을 속행하다'라는 의미입니다. 해석만 보면 continue와 비슷한데 뉘앙스가 조 금 다릅니다. continue는 하고 있는 작업이나 행동을 '계속한다'는 뉘앙스인데 go on은

그만둘지 계속할지 망설인 끝에 계속하겠다고 결단하는 뉘앙스입니다. 미묘한 마음의 동요가 느껴지는 숙어입니다.

last 오래가다/계속되다

My refrigerator lasts for more than 30 years.
(우리 집 냉장고는 30년 넘게 쓰고 있다.)

The meeting will last until midnight. (회의는 밤늦게까지 계속될 것이다.)

last는 '오래가다/계속되다'라는 뉘앙스입니다. '마지막의'라는 뜻의 형용사로만 알고 있는 사람이 많을 텐데요, 사실 동사로도 자주 쓰입니다.

continue와 비슷한 뜻이지만 last에는 **'오래가다'**, **'특정 기간 계속되다'**라는 뉘앙스가 있습니다. 또 '생각보다 오래가네…'처럼 한숨 섞인 뉘앙스도 last로 표현할 수 있지요.

lead to ~ (길/강이) ~로 이어지다

This road leads to the next town. (이 길은 옆 마을로 이어져 있다.)

The Nile leads to the Mediterranean Sea.
(나일강은 지중해로 흘러들어 간다.)

lead to는 '(길/강이) ~로 이어져 있다'라는 뉘앙스입니다. 지형과 같이 물리적으로 이어져 있는 것에 대해 사용합니다.

'기쁨'의 정도로 단어가 달라진다

우리가 한마디로 표현하는 '기뻐하다'에도 다양한 기쁨이 있지요. 영어에서는 단어마다 기쁨의 뉘앙스가 다르므로 구별해 써야 합니다.

 ## be happy　기쁘다

I was happy to find the lost watch. (잃어버린 시계를 찾아서 기뻤다.)

be happy는 '기쁘다'라는 의미입니다. 아주 일반적인 표현이며 **기쁨의 정도도 보통**입니다. 일상 회화에서 상당히 많이 쓰이죠.

happy는 '감정을 나타내는 형용사'라서 happy 뒤에 to 부정사의 부사적 용법이 옵니다. 부정사 부분에는 '그 감정을 느낀 원인이나 이유'가 들어갑니다. 위 예문을 직역하면 '잃어버린 시계를 발견했다는 원인에 의해 기쁘다는 결과가 되었다'입니다. '기뻐하다' 항목에서 설명하는 단어 모두 비슷한 쓰임새로 사용할 수 있습니다.

 ## be glad　진심으로 기쁘다

I am so glad to learn that she got married to him.

(그녀가 그와 결혼했다는 사실을 알게 되어 진심으로 기쁘다.)

be glad는 '진심으로 기쁘다'라는 의미입니다. **기쁨의 정도는 be happy보다 높습니다.**

예문처럼 glad 앞에 so를 붙이면 '매우 기쁘다'는 뉘앙스가 더해집니다.

참고로 예문에서 '알게 되어'라는 뜻으로 쓴 단어는 learn입니다. 흔히 '배우다'라는 의미로 알고 있겠지만 '알게 되다'라는 의미도 있습니다. 이에 비해 know는 '알고 있다'는 상태를 나타내는 단어이므로 예문에서 learn 대신에 know를 쓰면 뉘앙스가 달라져버립니다.

be pleased 마음에 들어서 기쁘다

I am so pleased with such a nice present!
(이렇게 멋진 선물을 받아서 정말 기쁘다.)

be pleased는 '마음에 들어서 기쁘다'라는 뉘앙스입니다. **기쁨보다도 '마음에 들다'에 초점이 맞춰집니다.**

pleased 뒤에는 앞에서 설명한 to 부정사 외에 with, at, about 같은 전치사나 that 절이 오기도 합니다.

be delighted 크게 기뻐하다

Supporters were delighted with the Korean national team win.
(한국 대표팀의 승리에 서포터즈가 크게 기뻐했다.)

be delighted는 '크게 기뻐하다'라는 뉘앙스입니다. **'함성을 지르다', '소리 내어 기뻐하다'**라는 뉘앙스가 상대에게 전해집니다. **기쁨의 정도는 상당히 높은 편입니다.**

'말하다'는 '말투'로 구별한다

'말하다'를 뜻하는 단어는 모두 기본적인 단어들인데요, 단어마다 뉘앙스에 큰 차이가 있습니다.

 ## speak 목소리를 내다/언어를 구사하다

Speak louder, please. (더 큰 소리로 말씀해주세요.)

I speak three languages. (저는 3개 국어를 구사합니다.)

speak는 자동사로는 **'목소리를 내다'**, 타동사로는 **'언어를 구사하다'**라는 뉘앙스입니다. '사람들 앞에서 말한다'는 뉘앙스뿐이므로 말하는 내용까지 언급하지는 못합니다. 전화상의 대화에서 Who's speaking, please? (누구세요?) 또는 (This is) Mike speaking. (마이크예요.) 등의 표현도 자주 사용합니다.

참고로 'I can speak.'는 애매하게 들릴 수 있으니 일상 회화에서는 많이 쓰지 않는 편이 좋습니다.

 ## say ~ 입 밖에 내어 말하다

She said something, but I couldn't understand that.

(그녀가 무슨 말을 했지만 알아듣지 못했다.)

say는 **'입 밖에 내어 말하다'**라는 뉘앙스입니다. say는 뒤에 '~을'에 해당하는 명사가 오는 S＋V＋O의 3형식 문형을 취합니다.

회화나 글에서 사용 빈도가 제일 높은 단어인 만큼 표현 방식이나 숙어 표현이 풍부합니다.

 ## tell ~ (사람)에게 ~을 전달하다

Can you tell me the story in detail? (그 이야기를 자세히 들려줄 수 있나요?)

tell은 '가르치다' 항목에서도 등장한 단어지요. tell에는 **'전달하다'**라는 뉘앙스가 있습니다. tell은 '누구에게' '무엇을'이라는 두 가지를 명확히 나타내는 S＋V＋I.O＋D.O의 4형식 문형이 기본입니다.

 ## talk 대화하다

I wanted to talk with him more. (그와 더 많은 이야기를 나누고 싶었다.)

talk는 **'대화하다'**라는 뉘앙스가 포함된 단어입니다.

자동사라서 대부분 뒤에 전치사가 오는데 talk to는 '어떤 특정인과'의 대화, talk with 는 '함께 있는 친한 사람과'의 대화를 표현할 때 씁니다. 또 '이야기의 내용'을 말할 때는 talk about, '전문적인 이야기의 내용'을 나타낼 때는 talk on으로 전치사를 구별합니다.

뉘앙스는 speak와 비슷하지만 speak는 조금 더 딱딱한 내용일 때 쓰입니다. 또 talk에는 '대화하다'라는 뉘앙스가 있으므로 대화 상대가 들어가는 문장에 써야 합니다.

'보다'와 '듣다'는 '능동', '수동'으로 단어를 선택한다

 ## [보다 ①] look at ~ ~에 시선을 돌리다

Hey, look at this. (이것 좀 봐.)

look at은 '**~에 시선을 돌리다**'라는 뉘앙스입니다. 자동사이므로 뒤에 전치사 at이 자주 옵니다. at에는 '한 지점'이라는 뉘앙스가 있어서 look at이라고 하면 '한 지점에 시선을 돌리다'가 되고, 여기에서 '~을 보다'라는 의미가 파생되었습니다.

see와 헷갈리기 쉬운데요, see는 '보이다'라는 뉘앙스입니다. 스스로 '의식적으로' 볼 때 look at, '무의식적으로' 무언가가 보일 때는 see를 쓴다는 차이가 있습니다.

 ## [보다 ②] watch ~ ~을 지켜보다

She watches TV for more than five hours every day.
(그녀는 매일 다섯 시간 이상 텔레비전을 시청한다.)

watch는 '보다' 중에서도 '**~을 지켜보다**'라는 뉘앙스가 강한 단어입니다. look at과 뉘앙스가 비슷하지만, look at은 '주의 깊게' 본다는 점이 강조됩니다. 반면 **watch는 '장시간' 보는 것에 초점이 맞춰집니다.** 따라서 텔레비전이나 영화 등 장시간 동안 계속 보는 것에는 watch를 씁니다.

[보다 ③] see ~ ~이 눈에 비치다/바라보다

I see something shining in the sky. (하늘에 뭔가 빛나는 게 보여.)

see는 '**~이 눈에 비치다/바라보다**'라는 뉘앙스입니다. look at에서도 설명했듯이 see는 '무의식적으로 뭔가가 시야에 비치는' 뉘앙스이므로 '보이다'라는 번역이 적절합니다.

[듣다 ①] hear ~ ~이 들리다

Can you hear her? (그녀의 목소리가 들리니?)

hear은 '**~이 들리다**'라는 뉘앙스입니다. '**무의식적으로 뭔가 청각에 들어왔다**'는 뉘앙스입니다.

참고로 위 예문에서는 '그녀의 목소리'를 her만 써서 표현했지요. her voice라고는 하지 않으니 주의하세요.

[듣다 ②] listen to ~ ~을 듣다

First, let's listen to his claim. (먼저 그의 주장을 들어봅시다.)

listen to는 '**~을 듣다**'라는 뉘앙스입니다. 한자의 들을 청(聽)자에 잘 맞는 표현이지요. hear과는 반대로 listen to에는 '**의식적으로 무언가를 듣다**'라는 뉘앙스가 있습니다. listen은 자동사이므로 뒤에 대부분 전치사가 붙습니다. '보다'와 '듣다' 모두 전치사가 붙어 있으면 '의식적으로 하는 행동'이라고 생각하세요.

제 2 장

어원

'어원'의 조합에서 단어 의미 연상하기

 단어를 분해해서 어원에 주목하자

제2장에서는 어원을 주제로 해서 관련 단어를 다루겠습니다.

영어 단어 중에는 라틴어(약 2000년 전의 로마제국에서 사용하던 언어)에 기원을 둔 것이 많습니다. 따라서 **라틴어 어원이 포함된 단어가 나왔을 때 단어를 분해해서 라틴어 어원에 주목하면 의미를 연상할 수 있습니다.**

학교 교육과정에서 라틴어를 배우지 않기 때문에 대부분 라틴어에 익숙하지 않을 텐데요, 알아두어야 할 어원 수는 그리 많지 않습니다. 앞에서 말한 대로 어원의 수는 방대하지만, 실제 사용하지 않는 단어가 많기 때문이죠.

이 책에서는 30개로 엄선한 라틴어 어원을 소개하겠습니다.

그림 2-1 어원에서 의미를 연상하는 법

1. 처음 보는 단어가 나왔을 때

무슨 뜻일까?

manage

2. 단어를 분해해서 어원에 주목한다

'손'이라는 어원이 있지…

어원

man + **age**

(손)

(앞으로 나아가다)

3. '어원 조합'에서 의미를 연상한다

손을 움직인다는 말은…

'손이 앞으로 나아가다'는 '손을 움직인다'는 말이니까…

4. 의미를 확정한다

바로 그거야!

'손이 앞으로 나아가다' →
'손을 움직이다' →
→ **'조작하다'구나!**

'손' + '앞으로 가게 하다' = '조작하다'

처음 설명할 어원은 man과 mani입니다. 둘 다 '손'이라는 의미로 manus(마누스)라는 라틴어에서 유래했습니다. 그래서 **man이나 mani가 붙는 단어에는 '손'에 관련된 의미가 있습니다.**

manual (수동/설명서)

manual은 'manu(손)'와 '-al(~에 관한)'로 이루어져 있으며 '수동/설명서'라는 의미입니다. **'손을 사용하는 방법'**이라는 뉘앙스에서 **'손을 사용해서'**와 **'손을 움직이는 방법'**이라는 의미가 파생되었습니다.

자동차 수동 변속기 차량(manual transmission car)이라는 단어에는 '손을 사용해서'라는 의미로 쓰였습니다. '손을 움직이는 방법'을 알려주는 취급설명서를 '매뉴얼'이라고 하지요. 아주 일상적으로 사용하는 단어입니다.

manicure (매니큐어)

manicure는 'mani(손)'와 'cure(치료하다)'가 결합해 '매니큐어'라는 의미가 되었습니다. 원래 매니큐어는 멋내기용이 아니라 손톱이 깨졌을 때 치료하거나 손톱이 깨지지 않게 하려고 바르는 것이었습니다. manicure의 '손톱을 손질하다'라는 의미에서 파생되어 **'손톱을 예쁘게 꾸미는 것'**이라는 의미가 되었죠.

참고로 cure는 care(치료, 돌봄)와 마찬가지로 라틴어 curatio에서 파생된 단어입니다.

manage (조작하다)

manage는 'man(손)'과 '-age(앞으로 나아가다)'가 더해져 '조작하다'라는 의미를 나타냅니다. '손을 움직이다'라는 뉘앙스에서 생긴 뜻입니다.

접미사 -age는 '앞으로 나아가다/집합체/상태/행위' 등을 나타냅니다. 그래서 '손(사람)을 모아서 정리하는 것'이라는 의미에서 '관리하다'라는 뜻으로도 쓰입니다. 이 밖에 접미사 -age가 쓰이는 단어로는 baggage(짐), baronage(귀족), marriage(결혼), postage(우편 요금) 등이 있습니다.

manage는 '매니지'라고 발음합니다. 관리자를 뜻하는 단어 manager의 발음이 '매니저'라는 것을 기억하면 쉽게 떠오르겠죠.

manipulate (능숙하게 조작하다)

manipulate는 'mani(손)'와 'pulate(채우다)'가 합쳐져 '능숙하게 조작하다'라는 뜻이 됩니다. manage와 비슷한 뜻이지만 '능숙하게'라는 뉘앙스가 들어 있는 점이 manipulate의 특징입니다. '잘 다루다', '능숙하게 활용하다'라고 표현해도 좋겠지요.

전문적인 조작을 하는 사람이나 악기의 음색을 프로그램하는 사람을 '머니퓰레이터(접미사 -or을 붙여 manipulator)'라고 부르기도 합니다.

'백과사전'은 '발을 사용해 조사한다'

'손' 다음은 '발'입니다. 발의 어원은 ped 혹은 pedi인데요, 형태만 다를 뿐 같은 의미입니다. 라틴어로 '발'을 의미하는 pes(페스)에서 유래해 ped나 pedi가 붙는 단어에는 '발'과 관련된 뜻이 있습니다.

pedal (페달)

pedal은 'ped(발)'와 '-al(~에 관한)'이 합쳐져 '페달'을 뜻하게 되었습니다. '발이 닿는 부분, 발로 밟는 것, 발판'이라는 뉘앙스입니다. 자전거나 피아노 페달, 자동차의 브레이크 페달 등은 영어와 같은 뉘앙스로 사용하고 있어 일상에서도 친숙한 단어죠.

'발을 사용하는 것' pedal과 '손을 사용하는 것' manual은 세트로 같이 외워두세요.

pedicure (페디큐어)

pedicure는 'pedi(발)'와 'cure(치료하다)'가 결합해 '페디큐어'라는 의미를 나타냅니다. manicure와 대비되는 개념이 pedicure이니 이것도 한꺼번에 같이 외우면 좋겠죠.

pedicure도 manicure와 마찬가지로 '발톱을 보호하다, 치료하다, 손질하다'라는 의미에서 파생되었습니다. 옛날에는 요즘과 달리 신발이 얇은 가죽으로 되어 있어서 발에 상처가 많았거든요. 당시의 생활방식에서 생겨난 단어라고 할 수 있습니다.

pedestrian (보행자)

pedestrian은 'pedestr(걸어가다)'에 '-ian(~하는 사람)'이 더해져 '보행자'라는 의미가 됩니다. 라틴어 pedester(도보)에서 유래했습니다.

'~하는 사람'을 나타내는 접미사 -ian이 붙은 단어로는 musician(음악가), magician(마술사) 등이 있습니다.

pedestrian bridge는 '보행교'를 뜻합니다.

expedition (원정)

expedition은 'ex-(밖으로)', 'pedi(발)', 'tion(것)' 세 개가 결합해 '원정'이라는 뜻을 나타냅니다. 접두사 ex-는 제3장에서도 설명하겠지만 '밖으로'라는 의미입니다. 접미사 -tion은 '~하는 것'이라는 뜻으로, 단어를 명사로 만드는 역할을 합니다. 다 합치면 '발을 사용해서 밖으로 가는 것'이니까 '원정'이라는 뜻이 되죠.

encyclopedia (백과사전)

encyclopedia는 'en-(움직임을 나타냄)'과 'cyclo(돌다)', 'pedia(발)' 세 개가 합쳐진 단어입니다. '발을 사용해 빙빙 돌다'에서 '발을 사용해 빙빙 돌아서 조사하는 것'이 되고 '백과사전'이라는 의미가 되었죠.

누구나 글을 쓸 수 있는 인터넷 백과사전으로 유명한 위키피디아도 'wiki(빠르다는 뜻의 하와이어)'와 'encyclopedia(백과사전)'를 더해 만들어진 이름입니다.

제1장
동사

제2장
어원

제3장
접두사 접미사

제4장
키우기 영단어 센스

'vocation(천직)'은 '신의 목소리'

손과 발에 이어서 다음은 '목소리'입니다. 목소리의 어원은 voca인데요, '목소리'를 뜻하는 라틴어 vox(복스)에서 유래했습니다. 자동차 중에 'VOXY(복시)'라는 모델명은 이 vox와 boxy를 조합해 만들었다고 하죠. 실내 공간이 널찍해 대화하기 편하고 즐겁게 운전할 수 있는 차라는 의미에서 붙여진 이름이라고 합니다.

vocal (목소리의/보컬)

vocal은 'voca(목소리)'와 '-al(~에 관한)'이 합쳐져 '목소리의/보컬'이라는 뜻을 나타냅니다. manual, pedal과 같은 패턴입니다.

가수를 가리키는 '보컬'이라는 단어는 일상에서 익숙하게 쓰이고 있죠. voca라는 어원을 확실하게 담아두세요.

vocabulary (어휘)

vocabulary는 'vocabul(입)'과 'ary(~에 관한 것)'가 더해진 단어로 '어휘'라는 의미입니다. vocabul은 voca(목소리)의 파생어이긴 하지만 '입'이라는 뜻으로도 사용합니다.

어원을 나열하면 '입에 관한 것'이 되죠. 그런데 언뜻 보면 '어휘'라는 의미로 연결되지 않습니다. '어휘'라고 하면 대개 '단어가 모인 것', '많은 단어와 용어'라는 뉘앙스를 떠올리는데요, 이런 뜻은 나중에 추가되었습니다.

종이나 펜 같은 필기구가 없던 시대에는 상대에게 전달할 수단이 입으로 말하는 것뿐이었죠. '입으로 말한 것'이라는 뉘앙스에서 '어휘'라는 의미가 생겼습니다.

vocation (천직)

vocation은 'voca(목소리)'와 '-ation(결과적으로 생긴 것)'이 결합해 '천직'이라는 의미가 되었습니다. 이 단어도 어원만 연결해서는 '천직'이라는 의미가 연상되지 않죠.

vocation의 voca는 '목소리'를 뜻하는데, 일반인의 목소리가 아닙니다. 바로 '신의 목소리'를 말합니다. '신의 계시'라고 표현해도 좋겠네요. 즉 vocation의 본래 의미는 '신이 내린 일'입니다. '천직'이라는 한자를 살펴보면 '하늘이 내려주신 일'이라는 뜻이죠. 따라서 현재 쓰이고 있는 '본인에게 맞는 일'은 본래 의미가 아닙니다.

접미사 -ation은 명사를 만드는 역할도 합니다. 이를테면 educate가 education이 되고 communicate가 communication이 되죠.

advocate (변호하다)

advocate는 'ad(더하다)'와 'vocate(소리 내어 부르다)'가 더해져 '변호하다'라는 뜻을 나타냅니다. 이외에 '주장하다'라는 의미도 있습니다.

접두사 ad-는 add(더하다)와 뉘앙스가 같으므로 advocate는 '입을 빌리다', '대신 말하다'라는 뉘앙스가 되고 여기에서 '변호하다'라는 의미가 생겼습니다.

advocator는 '변호사'라는 의미로도 쓰이는데 lawyer도 같은 뜻입니다. advocator가 조금 오래된 단어이기 때문에 최근에는 lawyer가 보편적으로 쓰이고 있죠.

제1장
동사

제2장
어원

제3장
접두사·접미사

제4장
키우기 명단어 센스

'태어난' 그대로의 '모습(상태)'이 'nature(자연)'

'태어나다'의 어원은 nat입니다. 라틴어 nāscī(나스치: 태어나다)에서 유래했습니다. nat 가 붙는 단어에는 대부분 '태어나다', '태어날 때부터 가지고 있는 것'이라는 뉘앙스가 있습니다.

native (타고난)

nāscī의 형용사형은 nativus이며 어형 변화로 native가 되었습니다.

native는 형용사이므로 여러 명사를 뒤에 붙여 다양한 의미를 나타낼 수 있습니다. 예를 들면 native language는 '모국어', native customs는 '풍습', native bush는 '원시림'이라는 뜻입니다.

우리가 많이 쓰는 '네이티브'라는 말은 '그 언어를 모국어로 하는 사람'이라는 제한적인 의미이니 native의 본래 의미 '타고난'을 확실하게 익혀두세요.

nature (태어난 그대로의 모습)

nature는 'nat(태어나다)'와 '-ure(상태)'가 결합해 '태어난 그대로의 모습'이라는 뜻을 나타냅니다. 대부분 nature를 '자연'이라는 뜻으로 알고 있겠지만 원래는 '태어난 그대로의 모습'이라는 뜻이니 주의하세요. '지구상에 탄생한 동식물이 태어난 그대로의 모습으로 있는 상태'가 '자연'이죠. 이 뉘앙스가 중요합니다.

대학 입시나 어학 시험에서는 '자연' 외에도 '본질', '성질'이라는 의미가 아주 중요하니 함께 외워두세요.

접미사 -ure는 '상태'를 나타냅니다. 예를 들어 adventure는 ad-(더해서)＋venture(가는 것)로, '새로운 일에 뛰어든 상태'나 '거기에 접근하고 있는 상태'라는 뉘앙스를 나타내는 '모험'이라는 뜻이 됩니다. ad가 붙지 않은 venture도 '모험'을 뜻하는데 여기에는 '위험이 따르는 모험'이라는 뉘앙스가 있습니다. 벤처기업은 '위험을 감수하고 사업을 하는 회사'라는 의미죠.

natality (출생률)

natality는 'nat(태어나다)'와 '-ity(~하는 것)'가 합쳐진 단어로, '출생률'을 뜻합니다. birth rate도 같은 의미이며 원어민의 사용 빈도는 둘 다 비슷합니다. 특히 저출산 관련 주제에서 자주 나오는 단어이니 비즈니스 영어를 사용하는 사람이라면 기억해두세요.

nativity (탄생)

nativity는 'nat(태어나다)'와 'ivity(~하는 것)'가 결합해 '탄생'이라는 의미가 됩니다. 조금 오래된 단어로 성경이나 고전 소설에는 자주 등장합니다.

현대 영어에서는 birth가 일반적으로 쓰이고 있는데요, nativity는 라틴어에서 유래했고 birth는 게르만어에서 유래했다는 차이가 있습니다. 둘 다 같은 뜻이니 birth와 함께 외워두면 좋겠습니다.

제1장
동사

제2장
어원

제3장
접두사·접미사

제4장
키우기 영단어 센스

'다시' + '살다' = 'revival(부활)'

'살다'를 뜻하는 어원 viv와 vit는 라틴어 vīvere(비베레: 살다) 혹은 vita(비타: 생명/생활)에서 유래했습니다. 그래서 viv나 vit가 붙는 단어에는 대부분 '살다'라는 뉘앙스가 있습니다.

vital (생명의/중대한)

vital은 'vit(살다)'와 '-al(~에 관한)'이 더해져 '생명의/중대한'이라는 의미를 나타냅니다. '생명에 관한 것'이라는 뉘앙스가 있습니다.

vital이라는 말은 의료 현장에서 많이 쓰이는데요, 혈압이나 심박수, 체온, 호흡 등 생명 상태를 측정하는 것을 '바이털 측정'이라고 표현합니다. 이를 통틀어서 vital signs(바이털 사인)라고도 합니다. 이처럼 vital은 다양한 상황에서 사용하는 단어입니다.

vitality (생명력)

vitality는 'vital(생명의)'과 '-ity(~인 상태)'가 만나 '생명력'을 뜻하는 단어가 되었습니다. vital의 파생어로 알아두세요.

'바이탈리티'라고 하면 생동감 넘치거나 활력이 넘친다는 뉘앙스가 느껴집니다. vitality에는 '활기', '활력', '체력' 등의 의미도 있지만 본래 의미인 '생명력', '지속력'을 확실히 외워두는 게 좋겠습니다.

vitamin (비타민)

vitamin은 'vita(살다)'와 '-min(광물자원)'이 결합해 '비타민'이 되었습니다. 어원의 의미를 더해봐도 의미가 잘 연상되지 않는데요, '생존을 위해 필요한 영양소'라는 뉘앙스에서 파생되어 '비타민'이 되었습니다. 미국식 영어에서는 '바이타민'으로 발음합니다. min의 어형이 변화한 형태인 mine은 '광물자원, 광산, 갱도'를 뜻합니다. 그래서 mineral은 '광물, 미네랄'이고, mine 단독으로 쓰이면 '구덩이를 파서 묻은 폭탄'이라는 뉘앙스에서 '지뢰'라는 의미가 됩니다.

revival (부활)

revival은 're-(다시)'와 'viv(태어나다)', '-al(~하는 것)'이 만나 '부활'을 뜻하는 단어가 되었습니다. 일상에서도 '리바이벌 공연', '리바이벌 붐' 등 영어와 같은 뉘앙스로 쓰고 있죠.
rebuild(재건하다), rewrite(고쳐 쓰다) 등 접두사 re-가 붙은 단어가 많으니 이 접두사를 알아두면 효율적으로 어휘를 늘릴 수 있습니다.

survive (살아남다)

survive는 'sur(위의)'와 'vive(살다)'가 결합해 '살아남다'를 뜻합니다. 어원만 조합해서는 바로 이해하기 어렵지만 '어려움과 투쟁 등을 벗어나 극복해서 살아남았다'는 뉘앙스가 있습니다. '어려움과 투쟁을 극복하다'를 나타내는 sur에 대해서는 제3장에서 자세히 다루겠습니다.

'mortgage(저당)' = '죽다' + '계약'

'죽다'를 뜻하는 mort는 라틴어 morī(모리: 죽다)에서 유래했습니다. mort가 붙는 단어에는 대체로 '죽다'의 뉘앙스가 들어 있습니다.

mortal (죽을 운명의)

mortal은 'mort(죽다)'와 '-al(~한 성질)'이 만나 '죽을 운명의'를 뜻하는 단어가 되었습니다. a mortal disease는 '불치병'으로 해석합니다.

참고로 영화 <반지의 제왕>에서는 mortal cave(죽음의 동굴) 등 mortal이라는 단어가 자주 나옵니다.

mortality (사망률)

mortality는 'mortal(죽을 운명의)'과 '-ity(성질)'가 합쳐져 '사망률'이라는 의미를 나타냅니다. mortal의 파생형이니 함께 외워두세요. car accident mortality는 '자동차 사고로 인한 사망률'이라는 뜻입니다.

최근에 자율주행 기술이 발전하고 있어 뉴스에서도 자주 쓰이는 표현이죠. 중요한 시사 영단어입니다.

어원 nat에서 설명한 natality(출생률)와 묶어서 외우면 효율적으로 공부할 수 있습니다.

mortician (장의사)

mortician은 'mort(죽다)'와 '-cian(~하는 사람)'이 만나 '장의사'라는 뜻이 되었습니다. 절대 살인 청부업자라는 뜻이 아니에요. '죽은 사람을 묻어주는 사람'이라는 뉘앙스입니다. 옛날에는 죽은 사람을 땅속에 매장했기 때문에 땅을 팔 사람이 필요했습니다.

mortgage (저당)

mortgage는 'mort(죽다)'와 'gage(계약)'가 결합해 '저당'을 의미합니다. '저당'이란 토지 등을 담보로 잡히고 돈을 빌리는 것인데요, '담보가 없어지면 당신은 죽을 수밖에 없다'는 뜻의 무시무시한 단어이기도 합니다. '모기지론', '모기지 서비스' 등의 표현을 접할 수 있지요.

mortgage는 죽음을 내포한 무서운 단어이므로 최근에는 mort를 빼고 gage만 써서 '저당'이라는 의미를 나타내기도 합니다.

두 개의 어원을 이어봐도 '저당'이라는 의미가 연상되지는 않는데요, 사실 저당이라는 말은 결투를 신청할 때 보내는 '결투장'에서 유래했습니다. '어느 한쪽이 죽을 때까지 싸우겠다'고 알리기 위한 것이라는 뉘앙스에서 '저당'이라는 의미가 생겼습니다.

immortal (죽지 않는, 불사신의)

immortal은 'im-(반대의)'과 'mortal(죽다)'이 합쳐져 '죽지 않는, 불사신의'라는 의미를 나타냅니다. 참고로 라틴어 memento mori(메멘토 모리)라는 게임이 있는데요, '인간은 언젠가 죽는다는 사실을 기억하고 매일 열심히 살라'는 뜻입니다.

'모두 갚다'에서 '재정'의 의미가 생긴 'finance'

'끝나다'를 뜻하는 **fin**은 라틴어 fīnīre(피니레: 끝나다)에서 유래했습니다. fin이 붙는 단어에는 대부분 '끝나다'의 뉘앙스가 있습니다.

finish (끝내다)

finish는 'fin(끝나다)'과 '-ish(~의 성질)'가 만나서 '끝내다'라는 의미가 되었습니다. 어원을 조합하면 바로 뜻이 나오죠. 접미사 -ish는 성질이나 특징 등의 의미 외에 '~이 두드러진', '~스러운'의 뜻으로도 사용합니다. 자세한 내용은 제3장에서 다시 설명하겠습니다.

fine (멋지다/벌금)

fine은 라틴어 finis(끝/한계)에서 파생된 단어로 '멋지다'라는 의미입니다. I'm fine. (나는 잘 지내요.)이나 It's a fine day. (오늘은 날씨가 좋네요.)처럼 일상 대화에서도 자주 쓰는 단어죠. 어떻게 '끝'에서 '멋지다'라는 의미가 파생되었을까요? '이보다 더 좋을 수 없다, 지금 상태가 최고다'라는 뉘앙스에서 '멋지다'라는 뜻이 생겼습니다.

fine은 '벌금'이라는 의미로도 쓰이는데요, 이것도 '끝'이라는 뉘앙스에서 나왔습니다. 가령 교통법규를 위반했을 때 '돈을 내면 더 이상 처벌하지 않겠다. 이것으로 끝!'이라는 뉘앙스에서 '벌금'이라는 의미로 바뀐 것이죠.

final (최후의)

final은 'fin(끝나다)'과 '-al(~의)'이 결합해 '최후의'를 뜻하게 되었습니다. '파이널'이라는 말은 그대로도 많이 쓰고 있으니 쉽게 이해되겠지요.

같은 의미의 last도 있는데, 뉘앙스가 조금 다릅니다. final은 어원에 fin(끝나다)이 있으므로 '이것으로 종결'이라는 뉘앙스가 강하게 드러납니다. 오디션 프로그램이나 스포츠 경기의 '파이널 라운드'에는 final의 뉘앙스가 잘 나타나 있죠. 한편 last는 the last person in line(줄의 맨 마지막 사람)처럼 '마지막 순서'라는 '차례'의 뉘앙스가 강합니다. '마지막 순서'니까 '가장 새롭다'고 볼 수도 있다는 점에서 '최신의'라는 뜻으로도 쓰입니다.

finance (재정)

finance는 'fin(끝나다)'과 '-ance(~하는 것)'가 만나서 '재정'이라는 뜻이 되었습니다. 어원을 살펴봐도 '재정'이라는 의미와 연결 짓기 어려운데요.

본래 finance는 '부채를 청산하다', '빚을 다 갚다'라는 의미입니다. '이제 더 이상 빚은 없다. 다 갚았으니 이것으로 끝이다'라는 뉘앙스에서 파생되어 '돈에 관한 것'을 가리키는 '재정'을 뜻하게 되었습니다.

이처럼 그냥 보기만 해서는 어떤 과정을 거쳐 지금의 의미가 생겼는지 알기 힘든 단어가 많은데요, 어원을 알면 역사의 흐름과 배경을 떠올리게 되어 영어를 더 깊이 이해할 수 있습니다.

편의점은 그야말로 '편리한' 가게

'오다'를 뜻하는 ven은 라틴어 venīre(베니레: 오다)에서 유래했습니다. 그래서 ven이 붙는 단어에는 대부분 '오다'의 뉘앙스가 들어 있습니다.

venue (회합 장소/행사장)

venue는 'ven(오다)'에 '-ue(~것)'가 더해져 '회합 장소/행사장'을 뜻하는 단어가 되었습니다. 본래는 '회합 장소'라는 뜻이었는데 파생되어 '행사장'이라는 의미로도 쓰입니다. '모두가 오는 장소'라는 뉘앙스에서 비롯되었습니다.

저는 올림픽에서 통역을 맡은 적이 있는데요, 사무국에서 venue list를 받습니다. 어디에서 어떤 경기가 열리는지 등의 정보가 담긴 리스트입니다.

revenue (세입)

revenue는 're-(다시)'와 'venue(오는 것)'가 만나서 '세입'이라는 의미가 됩니다. 앞에서 설명한 venue에 접두사 re-가 붙은 단어이니 함께 외워두세요.

'다시 오는 것'에서 '투자한 돈이 다시 나에게 돌아오는 것'이 되어 최종적으로 '세입'을 뜻하게 되었습니다.

convenient (편리한)

convenient는 'con-(함께)', 'veni(오다)', '-ent(상태)'가 합쳐진 단어로, '모두 함께 오기

를 바라는 것'에서 '편리한'이라는 의미가 되었습니다. 접두사 con-에 대해서는 제3장에서 자세히 설명하겠습니다.

편의점이라는 뜻의 convenience store는 24시간 연중무휴로 생필품을 판매하니 그야말로 '편리한 가게'죠. 발음은 '컨비니언트'로, 가운데에 강세가 옵니다. 반의어는 접두사 in-이 붙은 inconvenient(불편한)입니다.

prevent (방해하다)

prevent는 'pre(미리)'와 '-vent(오다)'가 더해져 '방해하다'라는 뜻이 되었습니다. 이 단어도 어원만 봐서는 '방해하다'라는 의미로 연결하기 어렵죠.

접두사 pre-는 '미리'라는 의미입니다. 스포츠 경기의 '프리 시즌 매치'나 실력을 알아보기 위한 성격의 '프리 테스트' 등의 표현이 쓰입니다. 그럼 '미리 오다'에서 어떻게 '방해하다'를 뜻하게 되었는지 역사를 거슬러 올라가 볼까요? '전쟁에서 적이 쳐들어오지 못하게 모두 힘을 합쳐 미리 울타리를 만들거나 방어책을 마련해서 적의 공격을 막았기' 때문입니다.

참고로 Veni, vidi, vici. (베니 비디 비치) '왔노라, 보았노라, 이겼노라.'라는 말이 있습니다. 고전 라틴어로는 웨니, 위디, 위키로 발음하는데요, 기원전 47년 카이사르가 젤라 전투에서 승리한 후 로마에 승전보를 전할 때 했던 말로 알려져 있습니다. 굉장히 유명한 라틴어죠.

제1장
동사

제2장
어원

제3장
접두사 접미사

제4장
키우기 영단어 센스

'**gene(유전자)'은 '만물을 낳는 것'**

'낳다'를 뜻하는 gen은 그리스에서 유래한 라틴어 gignere(지녜레: 출산하다)에서 유래했습니다. gen이 붙는 단어에는 대부분 '낳다'라는 뉘앙스가 포함되어 있습니다.

비슷한 어원으로 앞서 nat를 설명했는데 '세상에 태어나다'라는 뉘앙스였죠. gen은 '아무것도 없는 상태에서 무언가 탄생한다'는 뉘앙스입니다. '무에서 유가 창조된다'고도 할 수 있겠네요.

gene (유전자)

gene은 gen(낳다)의 어원 그대로입니다. '만물을 낳는 것'이라는 의미에서 '유전자'라는 뜻이 되었습니다.

가끔 원어민도 착각해서 chromosome을 쓰기도 하는데 이건 '염색체'라는 뜻이므로 다릅니다. 염색체 안에 생물의 설계도가 적힌 유전자가 들어 있으니 가리키는 장소가 다르죠.

gene의 품사는 명사인데요, 뒤에 명사를 하나 더 붙여서 두 개의 명사로 한 단어를 표현할 수 있습니다.

gene mutation(유전자 돌연변이), gene recombination(유전자 재조합), gene manipulation(유전자 조작), gene therapy(유전자 치료) 등은 꼭 외워두시기 바랍니다. 모두 뉴스나 비즈니스 상황에서 많이 사용하는 표현입니다.

제1장
동
사

제2장
어
원

제3장
접두사
접미사

제4장
키
우
기
영단어
센스

genetic (유전자의)

genetic은 'gene(유전자)'과 '-tic(~의)'이 합쳐져 '유전자의'라는 의미를 나타냅니다. gene의 형용사형이니 한 세트로 묶어서 머릿속에 넣어두세요. 또 gene과 마찬가지로 genetic 뒤에 명사를 붙이면 다양한 표현이 가능합니다. 엄밀하게 구별해서 쓰지는 않지만 genetic engineering(유전공학), genetic damage(유전적 손상) 등 genetic을 사용한 표현이 있습니다.

generate (만들어내다)

generate는 'gener-(낳다)'와 '-ate(~하게 하다)'가 결합해 '만들어내다'를 의미하게 되었습니다. 어원인 gen의 의미가 잘 드러나 있는 단어죠. '아무것도 없는 상태에서 무언가 탄생한다'는 gen의 뉘앙스를 바탕으로 수입, 사고방식, 전기, 에너지 등을 '만들어내다'의 의미로 사용합니다. 참고로 '~하는 사람, 것'을 나타내는 접미사 -or을 붙인 generator는 '발전기'라는 뜻입니다.

generation (세대)

generation은 'gener-(낳다)'와 '-ation(~하는 것)'이 결합해 '세대'라는 뜻을 나타냅니다. 어원을 더해봐도 '세대'라는 의미로 연결하기 어려운데요, '다음 시대를 만들어 계속되고 있다'라는 뉘앙스에서 '세대'가 되었습니다. 참고로 '떨어지다'라는 의미의 접두사 de-를 붙이면 degeneration이 되는데 '퇴화'를 의미합니다. '만들어낸 것에서 점점 멀어져 간다'는 뉘앙스에서 '퇴화'라는 뜻이 생겼습니다.

'앞으로' + '던지다' = '계획하다'

'던지다'를 뜻하는 ject는 라틴어 jactāre(약타레: 던지다)에서 유래했습니다. ject가 붙는 단어에는 대부분 '던지다'의 뉘앙스가 들어 있습니다.

project (계획/투영하다)

project는 'pro-(앞으로)'와 'ject(던지다)'가 합쳐진 형태로 '계획/투영하다'를 뜻합니다. '계획'이라는 명사로 쓰일 때는 '프로젝트'라고 강세를 앞에 두고, '투영하다'라는 동사로 쓰일 때는 '프로젝트'처럼 강세가 뒤에 오는 **명전동후** 단어입니다.

'투영하다'는 어원을 조합하면 나오는 뉘앙스이니 쉽게 이해되리라 생각합니다. 접미사 -or를 붙이면 projector(프로젝터/영사기)가 되지요. '계획'이라는 의미는 '회사의 전망을 앞쪽으로 던지다'라는 뉘앙스에서 비롯되었습니다.

reject (거절하다)

reject는 're-(다시)'와 'ject(던지다)'가 합쳐져 '다시 던지다'에서 '거절하다'라는 뜻이 되었습니다. '거부하다'라는 표현도 좋습니다.

inject (주입하다)

inject는 'in-(안에)'과 'ject(던지다)'가 만나 '주입하다'를 뜻합니다. 어원을 조합하면 바로 알 수 있는 뉘앙스입니다. 접미사 -tion이 붙으면 injection(주사)이라는 명사가 됩니다.

제1장
동사

제2장
어원

제3장
접두사
접미사

제4장
키우기
영단어
센스

eject (쫓아내다)

eject는 'e-(밖으로)'와 'ject(던지다)'가 합쳐져 '쫓아내다'를 의미합니다. 접두사 e-는 ex-와 마찬가지로 '밖으로'라는 뜻을 나타냅니다. 접미사 -tion이 붙으면 ejection(방출)이라는 명사가 됩니다. 비디오테이프나 CD를 꺼낼 때 버튼에 적혀 있는 eject는 '이 버튼을 누르면 나온다'는 의미입니다.

object (물체)

object는 'ob-(눈앞에)'와 'ject(던지다)'가 결합해 '눈앞에 있는 것, 시야에 들어온 것'이 되어 '물체'를 뜻합니다. 접두사 ob-는 '눈앞에'라는 뜻인데요, observe(관찰하다)를 예로 들면 -serve가 '주의를 기울이다'라는 의미이므로 '눈앞에 있는 것에 주의를 기울이다'에서 '관찰'이라는 뜻이 되었습니다.

subject (복종시키다)

subject는 'sub-(아래로)'와 'ject(던지다)'가 만나 '지위가 낮은 쪽을 향해 던지다'가 되어 '복종시키다'라는 의미를 나타냅니다.

명사 subject는 '과목/주제/주어'라는 뜻인데요, 세 가지 모두 '중심이 되는 것'이기 때문에 '모든 것을 관장하고 있다'는 뉘앙스가 됩니다. 명사일 때는 앞쪽에, 동사일 때는 뒤쪽에 강세가 옵니다.

'influence(영향)'는 우리 '안으로' '흐르는' 것

'흐르다'를 뜻하는 flo/flu는 라틴어 fluere(플루에레: 흐르다)에서 유래했습니다. flo 또는 flu가 붙는 단어에는 대부분 '흐르다'라는 뉘앙스가 들어 있습니다.

flood (홍수)

flood는 'flo-(흐르다)'와 '-ood(~인 상태)'가 붙어서 '홍수'를 의미합니다. '쏟아지듯 물이 흐르고 있는 상태'라는 뉘앙스입니다. 참고로 접미사 -ood나 -hood는 '~인 상태/성질'을 나타냅니다. childhood(어린 시절), neighborhood(이웃) 등의 단어가 있죠.

fluent (유창한)

fluent는 'flu-(흐르다)'와 '-ent(성질)'가 결합해 '유창한'이라는 뜻이 되었습니다. '물 흐르듯이 술술 말한다'는 뉘앙스가 있어 He speaks fluent English. (그는 유창한 영어를 구사한다.)처럼 사용합니다.

부사인 fluently를 쓸 때는 He speaks English fluently.처럼 fluently를 문장 끝에 씁니다. 형용사로 쓸 때와 부사로 쓸 때의 어순이 다르다는 점에 주의하세요.

fluctuate (변동하다)

fluctuate는 라틴어 fluctuatus에서 파생된 단어로, 여기에도 어원인 flu가 들어 있죠. '파도처럼 움직인다'는 본래의 뉘앙스에서 '변동하다'가 되었습니다. 조금 어려운 단어인데

뉴스나 비즈니스 회화에서는 The stock price fluctuated. (주가가 변동했다.)처럼 표현합니다.

influence (영향)

influence는 'in-(안으로)', 'flu(흐르다)', '-ence(~한 것)'가 합쳐져 '영향'을 뜻합니다. '우리 안으로 흘러들어 오는 것'이라는 뉘앙스입니다. 음식문화, 경제적 영향, 패션에 이르기까지 모든 사고방식이나 행동이 외국에서 흘러들어 오고 있지요.

influenza (독감)

influenza는 'in-(안으로)', 'flu(흐르다)', '-enza(질병/감염증)'가 결합해 '독감'이라는 의미를 나타냅니다. '몸 안에 들어온 병원균'이라는 뉘앙스로, 앞에서 설명한 influence에서 파생된 단어입니다. 단, influenza는 의사가 쓰는 의학 용어 같은 느낌이므로 일상 회화에서 독감이라고 할 때는 flu만 써서 표현합니다.

fluid (유체)

fluid는 'flu(흐르다)'와 '-id(형용사형 접미사)'가 합쳐져 '흐르는 것'이 되어 '유체'를 의미합니다. 제조업계에서 많이 쓰이는 단어입니다. 참고로 접미사 -id가 붙어서 형용사가 된 단어로는 solid(고체의), liquid(액체의) 등이 있는데요, 기체는 gas라고 합니다. 이외에 stupid(어리석은), rapid(빠른), acid(산성의) 등도 있습니다.

'사람'을 '유지하다'라는 뜻이 내포된 'tenant(임차인)'

'유지하다/계속되다'를 나타내는 ten/tin은 라틴어 tenēre(테네레: 가지다/잡다)에서 유래했습니다. ten이나 tin이 붙는 단어에는 대부분 '유지하다/계속되다'라는 뉘앙스가 있습니다.

content (내용)

content는 'con-(함께)'과 '-tent(유지하다)'가 결합해 '여러 가지 정보가 함께 정리되어 유지되고 있다'가 되어 '내용'이라는 의미를 나타냅니다. 동사는 contain(포함하다)인데 어원은 같습니다. 흔히 복수형으로 '영화 콘텐츠'처럼 표현하는데 영어에서도 같은 의미로 사용합니다.

content에는 '만족한'이라는 형용사의 의미도 있습니다. 마찬가지로 '이걸로 충분하다는 마음이 계속되고 있다'라는 뉘앙스인데요, 명사와 어원은 같습니다. 형용사로 쓰이는 content는 입시나 어학 시험에서 중요한 단어입니다.

tenement (공동주택)

tenement는 'tene(유지하다)'와 '-ment(조직체)'가 결합해 '여러 사람이 살면서 하나의 건물이 형성된 상태'를 나타내어 '공동주택'이라는 의미가 되었습니다. 접미사 -ment는 '여러 개가 모여 있다'는 뉘앙스에서 '조직체'라는 뜻입니다. 그리 익숙하지 않은 단어일 텐데요, 비즈니스에서는 자주 사용합니다.

tenant (임차인)

tenant는 'ten(유지하다)'과 '-ant(사람)'의 조합으로 '임차인'을 뜻합니다.

임차인을 모집한다는 공고를 보기도 하는데요, 임차인이란 '집이나 상가를 빌리는 사람'을 말합니다. '집이나 상가를 빌림으로써 그 건물을 유지할 수 있다'라는 뉘앙스에서 비롯되었습니다.

continue (계속하다)

continue는 'con-(함께)'과 'tinue(계속되다)'가 만나 '계속하다'를 뜻합니다. continue에 포함한 '함께 모여 지속시키다', '자신이 가진 것을 계속 이어가다', '계속해야 하는 일과 늘 함께하다'라는 뉘앙스에서 나온 뜻입니다.

continent (대륙)

continent는 'con-(함께)', 'tin(유지하다)', '-ent(명사형 접미사)'가 결합해 '여러 나라가 붙어서 하나의 공동체를 형성하고 있다'는 뉘앙스가 생겨 '대륙'이라는 의미를 나타냅니다. 유럽 대륙이나 아메리카 대륙은 그야말로 continent의 뉘앙스가 잘 살아 있는 존재라고 할 수 있습니다. 지리학적으로 말하자면, 태고의 지구에서 지각 변동이 일어나면서 따로 떨어져 있던 섬들이 하나의 땅으로 붙어 현재까지 유지되고 있는 것이죠. continent의 어원에서 대륙이 형성된 역사도 알 수 있습니다.

'resist(저항)'는 '반대쪽'을 향해 '서는' 것

'서다'를 뜻하는 sist는 라틴어 stāre(스타레: 서다)에서 유래했습니다. sist가 붙는 단어에는 대부분 '서다'라는 뉘앙스가 들어 있습니다.

insist on (주장하다)

insist on은 'in-(안에)'과 '-sist(서다)'가 합쳐져 '주장하다'를 뜻합니다. '어떤 그룹 안에서 내가 혼자 서는 것'이라는 뉘앙스입니다. "네! 접니다." 하고 일어선다는 느낌이니 이게 바로 '주장'이죠. 또 뒤에는 전치사 on이 붙는데 세트로 함께 외워두세요. 다음에 나올 consist는 전치사 of를 사용하니 헷갈리기 쉽습니다.

exist (존재하다)

exist는 'ex-(밖으로)'와 '-ist(서다)'가 결합해 '존재하다'를 의미합니다. 여기에서 '밖'은 '지구상'이라는 뜻입니다. 따라서 '지구상에 일어서 있는 것', '현실 세계(이 세상)에 서 있는 것'이라는 뉘앙스에서 비롯되었습니다.

consist of (~로 이루어지다)

consist of는 'con-(함께)'과 '-sist(서다)'가 결합해 '~로 이루어져 있다'는 뜻을 나타냅니다. 어원만 보면 왜 이런 뜻이 되었는지 연상하기 어렵죠. '여러 물건(예를 들면 부품)이 모여서 서 있다'는 뉘앙스입니다. 그 부품들이 모여서 하나의 기계가 완성되었다는 의미죠. This machine consists of 100 parts. (이 기계는 100개의 부품으로 이루어져 있다.)처럼 표현합니다.

resist (저항하다)

resist는 're-(반대에)'와 '-sist(서다)'가 만나 '저항하다'를 뜻합니다. '반대쪽을 향해 서 있다'는 뉘앙스입니다.

resist의 명사는 resistance(저항)입니다. '레지스탕스'라는 말을 들어봤을 텐데요, 권력에 저항하기 위한 운동을 말하는데 저항군이나 반란군 등의 의미로도 쓰입니다. 역사상으로는 제2차 세계대전 당시 프랑스와 유럽 각지에서 일어났던 독일에 대한 저항운동을 가리키는 말로 유명하죠.

persist in (고집하다)

persist in은 'per-(완전히)', '-sist(서다)', 전치사 'in(~의 안에)'이 결합한 형태로, '고집하다'라는 의미입니다.

접두사 per-의 '완전히'는 '끝까지 계속'이라는 뉘앙스입니다. 전치사 in이 '~의 안에'라는 의미이므로 persist in은 '나는 계속 ~의 안에 서 있다', '나는 이 입장에 계속 있겠다'는 뉘앙스가 됩니다. 여기에서 '고집하다'라는 의미가 생겼습니다.

persist 뒤에는 반드시 in이 붙습니다. persist in으로 묶어서 외워두세요.

'service(서비스)'는 '도움이 되는' '상태'

'도움이 되다'를 뜻하는 serv는 라틴어 servīre(세르비레: 섬기다/봉사하다)에서 유래했습니다. serv가 붙는 단어는 얼핏 보기에 의미가 제각각인 듯하죠. '도움이 되다'라는 뉘앙스에서 각각 어떤 의미로 파생되었는지 어원을 중심으로 자세히 살펴보겠습니다.

serve (시중들다/섬기다)

serve는 라틴어 servīre에서 어형이 변화한 것입니다. '고객에게 도움이 되다'라는 뉘앙스에서 '시중들다', '섬기다', '~을 위해서 애쓰다' 등의 의미로 쓰입니다. '고객에게 도움이 된다'는 serve의 뉘앙스는 다음에 나올 단어들의 기본 바탕이 됩니다.

service (서비스/임무)

service는 'serv-(도움이 되다)'와 '-ice(상태)'가 만나 '서비스', '임무'를 뜻합니다. service의 뉘앙스는 **고객에게 도움이 되는 상태**입니다. 예를 들어 medical services는 '환자에게 도움이 되는 의료 업무'라는 뉘앙스에서 '의료 서비스'라고 하죠. 흔히 '서비스로 준다'는 표현을 쓰는데요, 영어의 service에는 '덤으로 주다'의 뉘앙스가 없습니다.

conserve (보존하다)

conserve는 'con-(함께)'과 'serve(도움이 되다)'가 합쳐져 '보존하다'라는 의미가 되었습니다.

여기에 쓰인 serve에는 '유지하다'라는 뜻의 어원인 ten이나 tin과 같은 의미가 있는데요, 도움이 되도록 '남겨둔다'는 뉘앙스입니다. 여기에서 출발해 '여러 가지를 모아서 도움이 되도록 남겨두다'가 되어 '보존하다'라는 의미가 생긴 것이죠.

conservative (보수적인)

conservative는 'conserve(보존하다)'와 '-ative(~적인)'가 결합해 '보수적인'을 뜻합니다. conserve에 '~적인'이라는 표현이 붙었지요. '여러 가지를 하나로 모아서 도움이 되도록 보관해두는 것'이라는 뉘앙스에서 '지키다, 유지하다'라는 의미를 나타냅니다. 반의어는 progressive(진보적인)입니다.

preserve (보존하다)

preserve는 'pre-(미리)'와 'serve(유지하다)'가 만나 '보존하다'라는 뜻이 되었습니다. serve의 '도움이 되다'에서 '유지하다'의 뉘앙스로 파생되었습니다.

reserve (예약하다)

reserve는 're-(다시)'와 'serve(유지하다)'가 결합해 '예약하다'를 뜻합니다. 어원만 보면 연상하기 어렵지만 '그 가게가 너무 좋아서 다시 가고 싶다'는 뉘앙스가 포함되어 있습니다. '다시 찜해두다'라고 하면 알기 쉬울 겁니다.

'conductor(지휘자)'는 '이끄는' '사람'

'이끌다'를 뜻하는 duct는 라틴어 dūcere(두체레: 이끌다)에서 유래했습니다. duct가 붙는 단어에는 대부분 '이끌다'의 뉘앙스가 포함되어 있습니다.

conduct (이끌다/인솔하다)

conduct는 'con-(함께)'과 '-duct(이끌다)'가 결합해 '이끌다/인솔하다'라는 의미를 나타냅니다. '모두 이쪽으로 오도록 이끈다'는 뉘앙스입니다. conduct에는 명사로 '행동'이라는 뜻도 있는데요, 명전동후 법칙에 따라 강세가 달라집니다. 명사는 앞쪽에(컨덕트), 동사는 뒤쪽에(컨덕트) 강세가 옵니다.

conductor (지휘자/버스·열차 승무원)

conductor는 'conduct(이끌다)'와 '-or(사람)'이 합쳐져 '지휘자/버스·열차 승무원'을 뜻합니다. conduct의 의미를 알고 있으면 간단하지요. 지휘자는 '각각의 악기 연주자를 음악이라는 하나의 작품으로 이끄는 사람'이라는 뉘앙스입니다. '소리'에서 '악곡'으로 이끄는 사람이죠.

conductor에는 '버스·열차 승무원'이라는 뜻도 있는데요, 승무원 역시 '승객을 목적지까지 이끄는 사람'이라는 뉘앙스입니다. 문을 닫거나 다음 정차역을 안내하여 고객을 인솔하죠. 기관사(train driver)는 '시간에 맞춰 안전하게 운전하는' 사람일 뿐 인솔하지는 않습니다.

product (제품)

product는 'pro-(앞으로)'와 'duct(이끌다)'가 결합해 '제품'이라는 뜻을 나타냅니다. 잘 아는 단어인 만큼 어원으로는 더 연상하기 어려울 텐데요, '회사가 앞으로 나아가고 발전할 수 있도록 이끌어주는 것'이라는 뉘앙스입니다. 판매할 제품이 없으면 회사는 존재하지 못하죠. 또 제품이 많이 팔리면 회사를 대기업으로 이끌 수 있습니다. 제품은 '이끌어주는 물건'입니다.

abduct (납치하다)

abduct는 'ab-(떨어지다)'와 'duct(이끌다)'가 합쳐져 '납치하다'를 뜻합니다. 어원을 봐도 의미를 알기 어렵죠. '멀리 떨어진 곳으로 이끌다, 데려가다'라는 뉘앙스입니다. 접두사 ab-가 쓰인 단어로 abnormal(비정상적인)이 있죠. 여기서는 '정상적인 상태에서 떨어져 있다'는 의미입니다.

deduct (공제하다)

deduct는 'de-(떨어지다)'와 'duct(이끌다)'가 결합해 '공제하다'라는 뜻이 됩니다. 어원만 보면 앞에 나온 abduct와 같은 듯하지만 의미가 다릅니다. deduct는 '제외되는 쪽으로 이끌다'라는 뉘앙스인데요, '이 항목은 쓰지 않고 건너뛰어도 좋다'는 말입니다. 이 뉘앙스에서 세금을 내지 않아도 된다는 의미로 '공제하다'라는 뜻이 나왔습니다.

접두사 ab-와 de-의 다른 점이 있는데, ab-는 '멀리 떨어진 상태'에 초점이 맞춰진 뉘앙스이고 de-는 '멀어져 가는 움직임'에 초점이 맞춰진 뉘앙스입니다.

'만들다' + '장소' = 'factory(공장)'

'만들다'를 뜻하는 fac은 라틴어 facere(파체레: 만들다)에서 유래했습니다. fac이 붙는 단어에는 대부분 '만들다'라는 뉘앙스가 포함됩니다.

factory (공장)

factory는 'fac(만들다)'과 '-tory(방, 장소)'가 붙어서 '공장'을 의미합니다. '물건을 만드는 곳'이니 '공장'이지요. 접미사 -tory는 laboratory(실험실)에도 쓰였습니다.

labor에는 '일하다'라는 의미도 있지요. 공동 침실, 기숙사를 의미하는 dormitory도 dormit(잠자다)에 '-tory(방)'가 더해져 생긴 단어입니다.

factor (요소)

factor는 'fac(만들다)'과 '-tor(사람)'가 합쳐져 '요소'라는 뜻을 나타냅니다. '사람이 만드는 것', '만들기 위한 바탕이 되는 것'이라는 뉘앙스에서 '요소'라는 의미가 생겼습니다. 주로 경제 분야에서 '리스크 팩터를 고려하다' 등의 표현을 하는데요, '위험이 따르는 요소를 고려한다'는 뉘앙스로 쓰였습니다.

factor는 '요소' 외에 수학에서 '인수(약수)'라는 의미로도 쓰입니다. 특히 소수인 인수를 소인수(prime factor)라고 합니다.

facility (시설)

facility는 'fac(만들다)'과 '-ty(명사형 접미사)'가 결합해 '시설'이라는 의미를 나타냅니다. 어원만 이어보면 '만드는 것'이 되어 factory와 비슷해져버리죠. '필요해서 만들어진 건물'이라는 facility의 뉘앙스에서 '시설'이라는 뜻이 되었습니다.

facility처럼 접미사 -lity가 붙어서 명사가 된 단어로는 ability(능력), quality(품질), capacity(수용 능력), flexibility(유연성), sensibility(감수성) 등이 있습니다.

facilitate (촉진하다)

facilitate는 'facilit(시설)'와 '-ate(동사형 접미사)'가 더해져 '촉진하다'를 뜻합니다. '시설'의 동사형 단어가 어떻게 '촉진하다'라는 의미가 되었을까요? '시설에서 일하여 고용을 촉진한다'는 뉘앙스에서 파생했기 때문입니다.

facilitate 외에 접미사 -ate가 붙은 동사로는 educate(교육하다), nominate(지명하다), activate(활성화하다) 등이 있습니다.

faculty (재능/학부)

faculty는 'facul(만들다)'과 '-ty(명사형 접미사)'가 결합해 '재능/학부'를 의미합니다. facility의 파생형이기는 하지만 의미가 달라집니다. '재능'이라는 의미는 '신이 나에게 보내준 힘'이라는 뉘앙스에서 나왔습니다. 즉 '너는 이 분야의 일을 하라'며 신이 주신 능력이라는 말이죠. '학부'라는 뜻은 '대학이 다음 세대의 우수 인재를 만드는 장소'라는 뉘앙스에서 왔습니다.

'안으로' + '회전하면서 들어가다' = 'involve(관련시키다)'

'회전'을 뜻하는 volve는 라틴어 volvere(볼베레: 구르다)에서 유래했습니다. 자동차 회사 VOLVO(볼보)도 라틴어 volvō에서 유래한 이름입니다.

'회전'이라는 뜻의 단어를 회사명으로 지은 이유는, 원래 볼보가 '베어링(바퀴 등의 회전을 부드럽게 하는 부품)'을 만드는 회사였기 때문이죠.

involve (관련시키다)

involve는 'in-(안으로)'과 '-volve(회전)'가 합쳐져 '관련시키다'를 의미합니다. involve에는 '안으로 빙글빙글 회전하면서 들어간다'는 뉘앙스가 있어서 '관련시키다'라는 뜻이 되었습니다.

revolve (회전하다)

revolve는 're(다시)'와 '-volve(회전)'가 만나 '회전하다'를 뜻합니다.

'다시 회전'이라는 어원에서 어떻게 '회전하다'라는 뜻이 되었을까요? '빙글빙글 회전해서 같은 곳으로 돌아오다'라는 뉘앙스 때문입니다. 그래서 회전식 권총을 revolver라고 합니다.

revolution (혁명)

revolution은 'revolve(회전하다)', '-tion(명사형 접미사)'이 결합해 '혁명'이라는 의미를 나타냅니다. '회전하는 것'이라는 어원만 봐서는 왜 '혁명'이라는 뜻이 나왔는지 연상하기 어렵죠. '원래는 좋은 나라였는데 나쁜 왕 때문에 나라가 안 좋아졌다. 이전처럼 좋은 세상으로 되돌리자'라는 뉘앙스가 있기 때문입니다.

'혁명'이라고 하면 '새로운 세상을 만든다'고 생각하는 사람이 많은데요, revolution에 포함된 뉘앙스는 '회전해서 원래로 돌아가다'입니다. 따라서 '새로운 세상을 만든다'고 표현할 때는 renovation이라는 단어를 사용합니다. '건축물을 리노베이션한다'는 표현을 생각하면 이해하기 쉬울 겁니다. 가구나 벽지를 바꿔서 신축처럼 만드는 것이죠.

devolve (양도하다)

devolve는 'de-(떨어지다)'와 'volve(회전)'가 합쳐져 '양도하다'를 의미합니다. '양도하다'라는 의미이므로 involve의 반대 뉘앙스가 아니라고 생각할 수 있지만 뉘앙스는 involve의 반대가 맞습니다. '다른 방향으로 빙글빙글 회전하면서 물건이 흘러나와버린다'라는 뉘앙스에서 '양도하다'라는 의미가 생겼습니다.

제1장
동사

제2장
어원

제3장
접두사·접미사

제4장
키우기
명단어
센스

'손' + '가지다/잡다' = '유지하다'

'가지다/잡다'를 뜻하는 ten/tain은 '유지하다, 계속되다'의 어원인 ten/tin과 마찬가지로 라틴어 tenēre(테네레: 가지다/잡다)에서 유래했습니다. ten/tain은 ten/tin의 파생어입니다.

maintain (유지하다)

maintain은 'main-(손)'과 'tain(가지다/잡다)'의 조합으로 '유지하다'라는 의미입니다. 접두사 main-은 앞에서 설명한 '손'이라는 뜻의 man/mani가 어형 변화한 것입니다. 따라서 '손에 가지고 있다'는 뉘앙스가 들어 있고 여기에서 '유지하다'라는 뜻이 되었습니다.

maintain에 접미사 -ance(성질/행위)가 붙으면 maintenance(유지관리)가 됩니다. 익숙한 단어이긴 하지만 의미를 정확하게 구별하지 않고 쓰는 경우도 있지요. '자동차나 기계를 고친다'는 뉘앙스를 떠올릴 수도 있을 텐데요, maintenance는 '유지하는 것'이므로 '고장 나기 전에 미리 손을 써서 조정한다'는 의미입니다. 고장 난 것을 고칠 때는 repair로 표현합니다.

entertain (즐겁게 해주다)

entertain은 'enter-(안으로)'와 'tain(가지다/잡다)'이 결합해 '즐겁게 해주다'를 의미합니다. '상대의 마음속으로 들어가 즐겁다는 기분을 갖게 하는 것'이라는 뉘앙스에서 '즐겁게 해주다'가 되었습니다.

제1장
동사

제2장
어원

제3장
접두사
접미사

제4장
키우기
영단어
센스

sustain (견디다/지속하다)

sustain은 'sus-(매달려 있다)'와 'tain(가지다/잡다)'이 합쳐져 '견디다/지속하다'라는 의미를 나타냅니다. '철봉 같은 것에 매달린 상태로 잡고 있다'라는 뉘앙스입니다. 이 뉘앙스를 알면 '견디다', '지속하다'라는 의미도 이해할 수 있을 겁니다.

참고로 접두사 sus-는 '매달려 있다' 외에 '매달다'의 뉘앙스도 있습니다. '매달려 있는', '어중간한' 상태를 잘 나타낸 단어가 suspend로 '일시 중단(정지)하다'라는 뜻입니다. 과거분사형인 suspended는 야구나 골프에서 '서스펜디드 게임'이라는 표현으로 쓰이는데요, 악천후 등으로 경기가 일시 중단되는 것을 의미하는 말입니다. 그 외에도 suspension(서스펜션)은 자동차의 차고를 조정하거나 울퉁불퉁한 길에서도 차가 흔들리지 않도록 제어해주는 부품을 가리킵니다. suspender(서스펜더)도 바지가 흘러내리지 않게 매달아두는 멜빵을 말하죠.

retain (유지하다)

retain은 're-(다시)'와 'tain(가지다/잡다)'이 더해진 형태로 '유지하다'를 의미합니다. '흩어진 것을 다시 모아서 가지고 있다', '다시 흩어지지 않게 손안에 가지고 있다'는 뉘앙스가 있습니다. retain은 권리나 지위 등을 '유지하다'라는 의미로 많이 쓰이는데 조금 딱딱한 표현입니다. 일상생활에서 '계속 가지고 있다'라고 표현할 때는 keep이나 hold를 씁니다.

postpone(연기하다)은 약속을 '뒤에' '두는' 것

'두다'를 뜻하는 pone/pose는 라틴어 pōnere(포네레: 두다)에서 유래했습니다. pone이나 pose가 붙는 단어에는 대부분 '두다'라는 뉘앙스가 들어 있습니다.

postpone (연기하다)

postpone은 'post-(뒤에)'와 'pone(두다)'이 만나 '연기하다'를 뜻합니다. '약속을 뒤에 (나중에) 두다'라는 뉘앙스에서 '연기하다'라는 뜻이 되었습니다.

원어민은 '연기하다'라는 의미의 숙어 표현을 많이 사용합니다. 대표적인 예가 put off와 push back입니다. 둘 다 '뒤에 두다'라는 뉘앙스에서 나온 표현이니 함께 외워두세요.

접두사 post-는 '포스트 ○○'처럼 사람 이름을 넣어 표현하기도 하는데 그 사람 이후의 '다음' 주자라는 의미입니다.

propose (제안하다)

propose는 'pro-(앞에)'와 'pose(두다)'가 결합해 '제안하다'라는 의미를 나타냅니다. '아이디어 등을 책임자 앞에 두다'라는 어원 그대로의 뉘앙스입니다. 흔히 프러포즈라고 하면 청혼할 때의 표현만 떠올리는데요, 그 프러포즈도 '결혼합시다'라고 제안하는 것이긴 하지만 영어의 propose에는 '확실한 의견을' 제안한다는 뉘앙스가 있습니다.

제1장
동
사

제2장
어
원

제3장
접두사·접미사

제4장
키 영단어
우 센스
기

impose (의무를 지우다)

impose는 'im-(안쪽에)'과 'pose(두다)'가 더해져 '의무를 지우다'를 뜻합니다. 어원의 의미만 봐서는 연상하기 어렵지만 '이 일을 해야 한다는 생각을 머릿속에 둔다'는 뉘앙스가 있습니다. 여기에서 '의무를 지우다'라는 의미가 생겼습니다.

expose (드러내다)

expose는 'ex-(바깥쪽에)'와 'pose(두다)'가 결합해 '드러내다'라는 의미가 되었습니다. impose의 '안쪽에 두다'와 반대 뉘앙스입니다. 어원을 보면 바로 뜻이 나오죠.

compose (구성하다)

compose는 'com-(함께)'과 'pose(두다)'가 합쳐져 '구성하다'를 의미합니다. '여러 가지 단어와 음을 하나로 만든다'는 뉘앙스에서 '작문하다', '작곡하다'라는 뜻도 있습니다.

'사람'을 나타내는 접미사 -er을 붙인 composer는 '작가' 또는 '작곡가'라는 의미입니다.

dispose (배치하다)

dispose는 'dis-(떨어진)'와 'pose(두다)'가 만나 '배치하다'라는 의미를 나타냅니다. '떨어진 곳에 깔끔하게(가지런히) 두고 가다'라는 뉘앙스가 있습니다. 그다지 익숙하지 않은 단어일 수도 있으나 비즈니스 미팅 등에서는 자주 쓰입니다.

'두 번째 이후'의 '부탁'은 리퀘스트

'요구하다/바라다'를 뜻하는 que/qui는 라틴어 quaerere(쿠레레: 원하다/요구하다/찾다)에서 유래했습니다. que나 qui가 붙는 단어에는 대부분 '요구하다', '바라다'라는 뉘앙스가 들어 있습니다.

quest (탐구하다)

quest는 고전 라틴어 queste와 그 이전의 라틴어인 quaerere(두 단어 모두 '찾다'라는 뜻)에서 유래했으며 어원인 que(요구하다)가 포함되어 있습니다.

require (요구하다)

require는 're-(다시)', 'qui(요구하다)', '-re(동사형 접미사)'가 결합해 '요구하다'를 뜻합니다. re-에는 '몇 번이고 다시'라는 뉘앙스가 있으므로 require에도 '몇 번이고 여러 번 요구하다'라는 뉘앙스가 포함되어 있습니다. 그야말로 '끈질기게 요구한다'는 느낌이죠. 따라서 일반적으로 부탁할 때는 ask를 쓰는 편이 좋습니다.

request (요청하다)

request는 're-(다시)'와 'quest(탐구하다)'가 만나 '요청하다'라는 의미를 나타냅니다. quest에 접두사 re-가 붙은 형태죠.

request도 require와 마찬가지로 '요구하다'라는 의미인데 require 같은 '집요함'은 없습니다. 접두사 re-가 붙어 있으므로 '첫 번째 부탁'에는 request를 쓸 수 없습니다. '두 번째 이후의 부탁'에 쓰는 표현이라는 점에 주의하세요. 이 뉘앙스를 잘 모르는 분이 많을 겁니다.

request와 비슷한 단어로 encore(앙코르)가 있습니다. 앙코르는 원래 프랑스어로 '한 번 더'라는 뜻입니다. encore가 예술이나 엔터테인먼트 분야에서 쓰이는 데 비해 request는 전반적으로 두루 쓰이는 표현입니다.

inquire (물어보다)

inquire는 'in-(안쪽으로)'과 'quire(찾다)'가 결합해 '물어보다'를 뜻합니다. require와는 접두사만 다른데요, '스스로 가르침을 청하여 자신의 지식 안에 넣으려고 한다'는 뉘앙스가 있습니다.

conquer (정복하다)

conquer는 'con-(함께)'과 'quer(요구하다)'가 합쳐져 '정복하다'라는 의미를 나타냅니다. '다른 나라를 내 나라로 만들고 싶다고 원해서 한 국가로 만든다'는 뉘앙스입니다.

acquire (획득하다)

acquire는 'ac-(~을)'과 'quire(찾다)'가 결합해 '획득하다'를 의미합니다. get과 비슷한 뜻이지만 뉘앙스가 다릅니다. get은 일반적으로 넓은 의미에서 '얻는' 것이고, acquire는 기술이나 권리, 자산을 '얻는' 것을 가리키는데 조금 딱딱한 표현입니다.

'손'으로 '쓴 것'이니 'manuscript(원고)'

'쓰다'를 뜻하는 scri는 라틴어 scrībere(스크리베레: 쓰다)에서 유래했습니다. scri가 붙는 단어에는 대부분 '쓰다'라는 뉘앙스가 포함되어 있습니다.

script (대본)

script는 라틴어 scriptum(글로 쓴 것)에서 유래했으며 어원인 scri(쓰다)와 합쳐져 '대본'이라는 뜻이 되었습니다.

manuscript (원고)

manuscript는 'manu-(손으로)'와 'script(글로 쓴 것)'가 만나 '원고'를 뜻합니다.

앞에서 설명한 man/mani라는 어원이 들어 있지요. manu-는 어원이 어형 변화한 것입니다. 대본과 원고 모두 글로 쓴 것이지만 '입 밖으로 소리 내어 읽기 위해' 쓴 것이 script(대본)이고, '눈으로 읽기 위해' 쓴 것이 manuscript(원고)라는 식으로 구별합니다. 즉 연극이나 무대에서 사용하는 것이 script이고, 서적이나 작문 등에 사용하는 표현이 manuscript입니다.

describe (서술하다)

describe는 'de-(떨어지다)', 'scri(쓰다)', 'be(~인 것)'가 결합해 '서술하다'라는 의미를 나타냅니다.

'머릿속 생각을 머리에서 벗어나 글로 쓰는 것'이라는 뉘앙스입니다. 접두사 de-에 대해서는 제3장에서도 설명하겠습니다.

describe는 '써서 전달하다'의 뉘앙스가 어원에서도 강하게 드러납니다. 비슷한 의미의 report는 언론 보도의 '전달하다'라는 뉘앙스가 강하고, tell은 '입으로 말해서 전달하다'라는 뉘앙스가 강합니다.

prescription (처방전)

prescription은 'pre-(앞에)'와 'scription(글로 쓴 것/서류)'이 합쳐져 '처방전'을 의미합니다. '약을 받기 전에 써주는 서류'라는 뉘앙스입니다. 접두사 pre-와 함께 제3장에서 다시 설명하겠습니다.

P.S. (postscript 추신)

P.S.라고도 표기하는 postscript는 'post-(뒤에)'와 'script(글로 쓴 것)'가 만나 '추신'을 뜻합니다.

제1장
동사

제2장
어원

제3장
접두사·접미사

제4장
키우기
영단어
센스

'팔다' + '사람' = 'vendor(판매자)'

'팔다'를 뜻하는 vend는 라틴어 vēndere(벤데레: 팔다)에서 유래했습니다. vend가 붙는 단어에는 대부분 '팔다'라는 뉘앙스가 포함되어 있습니다.

vendor (판매자)

vendor는 'vend-(팔다)'와 '-or(~하는 사람)'이 결합해 '판매자'라는 의미를 나타냅니다. 미국에서는 야구장에서 맥주를 파는 사람을 '비어 벤더'라고 합니다.

vendee (매수자)

vendee는 'vend-(팔다)'와 '-ee(~당하는 사람)'가 합쳐져 '매수자'를 뜻합니다.

'팔다'가 어원인데 어떻게 '매수자'라는 의미가 되었을까요? 그 이유는 접미사 -ee가 '~당하는 사람'이라는 수동의 뜻이기 때문입니다. 제3장에서 자세히 설명하겠지만 '판매를 당하는 사람'이라는 뉘앙스에서 '매수자'라는 의미가 되었죠. 강세는 접미사 -ee 부분에 와서 '벤디'로 발음합니다.

vendor와 vendee는 시장조사 보고서 등에서 자주 보이는 영단어입니다. '판매자 시장'은 vendor market이라고 하고, '매수자 시장'은 vendee market이라고 하지요. 일상 회화에서는 자주 등장하지 않지만 비즈니스 세계에서는 필수 단어입니다.

vending machine (자판기)

vending machine은 'vending(판매하다)'과 'machine(기계)'이 합쳐져 '자판기'라는 뜻이 되었는데요, vending 뒤에는 명사가 옵니다.

vending은 '팔다'의 의미로는 거의 쓰지 않습니다. 딱딱한 표현이기도 하고 단어 자체가 오래되어 고어 같은 느낌이므로 일상 회화에서는 자주 쓰이지 않습니다. 보통 여러분이 잘 아는 sell(팔다)을 사용하니 vending이라는 단어를 알아두는 것만으로 충분합니다.

vendible (판매품)

vendible은 'vend-(팔다)'와 'ible(~할 수 있는)'이 결합해 '판매품'이라는 의미를 나타냅니다. 어원을 합치면 그대로 '팔 수 있는 물건'이라는 뜻이 되는데요, 이 의미를 모르면 'vendible'이라고 적힌 종이가 붙어 있어도 무슨 말인지 알 수 없겠죠. 가끔 화려한 조각품이나 미술품 전시를 보고 감탄하며 옆을 보면 vendible이라고 적혀 있어 판매하는 상품인 걸 알고 놀라는 일도 있습니다. 물론 가격을 보고도 놀라지만요.

vendible보다는 반의어 unvendible(비매품)을 알아두는 게 중요합니다. 'unvendible'이라고 적혀 있는 전시물을 계산대로 가져가면 큰일이니, 특히 해외여행 갈 때 알아두면 좋은 단어입니다. vendible과 unvendible은 딱딱한 표현이기 때문에 미술품처럼 위압감 있는 상품에 많이 적혀 있습니다. 부담 없이 갈 수 있는 상점에는 unvendible보다 not for sale(비매품)을 많이 쓰니 어휘를 늘린다는 느낌으로 기억해두세요.

제1장
동사

제2장
어원

제3장
접두사·접미사

제4장
키우는 영단어 센스

'밖으로' + '늘리다' = '연장하다'

'늘리다/넓히다'를 뜻하는 tend는 라틴어 tendere(텐데레: 늘리다)에서 유래했습니다. tend가 붙는 단어에는 대부분 '늘리다'나 '넓히다'라는 뉘앙스가 들어 있습니다. tend to ~(~하는 경향이 있다)라는 숙어에 어원 tend가 쓰였는데요, '~쪽으로 행동이 뻗어가다'라는 뉘앙스에서 '경향이 있다'를 뜻하게 되었습니다.

extend (연장하다)

extend는 'ex-(밖으로)'와 'tend(늘리다)'가 결합해 '연장하다'를 뜻합니다. '바깥쪽으로 쭉쭉 뻗다'라는 뉘앙스입니다. 어원 조합만으로 의미를 이해하기 쉬운 단어지요.

intend (의도하다)

intend는 'in-(안으로)'과 'tend(넓어지다)'가 만나 '의도하다'라는 의미를 나타냅니다. 접두사에 extend의 ex-와는 반대 의미인 in-이 붙었다고 해서 extend(연장하다)의 반의어인 '축소하다'를 뜻하지는 않습니다. intend에는 '마음속에서 감정이 퍼지는 상태'라는 뉘앙스가 있습니다. '무언가 의식하고 있는 상태'라고 해도 좋겠네요. 여기에서 '의도하다'라는 의미가 생겼습니다.

일상 회화에서 '의도하다'라는 표현을 잘 쓰지 않더라도 '뭔가를 하려고 마음먹는 것'이라고 이해해두세요.

attend (돌보다)

attend는 'at-(~에)'과 'tend(손을 뻗다)'가 결합해 '돌보다'라는 뜻이 되었습니다. 접두사 at-은 전치사 at과 비슷한 뉘앙스인데요, 전치사 at은 '어떤 한 점'을 가리킵니다. 다시 말해 '정확하게 가리키다'라는 뉘앙스가 있습니다. '정확하게 상대를 향해 손을 뻗는다'는 의미에서 '돌보다'를 뜻하게 되었습니다.

look after, take care 등 '돌보다'라는 의미의 숙어도 많이 쓰이므로 함께 외워두세요.

pretend (~인 척하다)

pretend는 'pre-(미리)'와 'tend(늘리다)'가 합쳐져 '~인 척하다'를 의미합니다. 어원으로 뜻을 연상하기는 어렵지만 '미리 늘리다'라는 뉘앙스에서 '참견하다'라는 의미가 있었습니다. 이것이 시대에 따라 변하면서 '~인 척하다'를 뜻하게 되었습니다. '아는 척하다'라는 예시를 생각하면 금방 이해되겠죠. pretend는 뒤에 to 부정사가 와서 pretend to ~로 씁니다.

tension (긴장)

tension은 'ten-(늘리다)'과 '-sion(명사형 접미사)'이 만나 '긴장'이라는 의미를 나타냅니다. '마음이나 신경이 팽팽하게 뻗은 상태'라는 뉘앙스입니다. 흔히 '텐션이 높은 사람', '텐션이 올라간다'라는 표현을 하는데 영어의 의미와 다르니 주의하세요. 동사와 형용사는 tense인데요, I'm tensed up. (긴장 돼.) 또는 My shoulders are tensed. (어깨가 뻐근했다.) 등의 표현을 사용합니다.

파동이 몸'속'을 세게 '누르니까' 'impulse(충격)'

'누르다/치다'를 뜻하는 **puls**는 라틴어 pulsāre(풀사레: 누르다/치다)에서 유래했습니다. puls가 붙는 단어에는 대부분 '누르다' 혹은 '치다'라는 뉘앙스가 포함되어 있습니다.

pulse (맥박)

pulse는 puls를 어원으로 하는 라틴어 pulsum(맥이 뛰다)에서 '맥박'이라는 뜻이 되었습니다. 맥박은 심장의 움직임에 맞춰 '쿵쿵' 하고 뛰지요.

'pulse meter(맥박계)'처럼 pulse는 기본적으로 명사인데 동사로도 사용합니다. 예를 들면 His heart is pulsing with joy.라고 표현할 수 있죠. 다만 본래 동사는 pulsate이므로 이걸 써서 표현하면 His heart is pulsating with joy. (그의 마음은 기쁨으로 두근거리고 있다.)입니다.

pulsate (맥박이 뛰다)

앞에서 설명했듯이 pulsate는 pulse의 동사로 '맥박이 뛰다'라는 의미입니다. '맥박이 뛰다' 외에 위 예문에서처럼 '두근거리다' 또는 '설레다', '떨리다' 등의 뉘앙스로도 쓰입니다.

pulsate와 비슷한 표현으로 beat가 있는데요, beat는 '반복되는 소리', pulsate는 '규칙적인 리듬으로'라는 뉘앙스가 강조됩니다.

palpitation (두근거림)

palpitation은 pulsate에서 파생된 palpitate의 명사형입니다.

'두근거림'이라는 뜻인데요, 해외에서 건강이 나빠져 가슴이 심하게 두근거릴 때는 병원에

가서 "palpitation! palpitation!"이라고 말하면 의미가 통합니다.

pulsate와 palpitation의 차이는 '심장이 뛰는 속도'입니다. palpitation은 '두근거림이

심하다'는 뉘앙스가 강합니다.

impulse (충격)

impulse는 'im-(안으로)'과 'pulse(누르다)'가 결합해 '충격'이라는 뜻을 나타냅니다.

단어의 의미가 어원과 동떨어진 듯하지만 '파동이 몸속으로 확 들어오는 것'이라는 뉘앙스

에서 '충격'이라는 의미가 생겼습니다.

'충격' 외에 '충동'이라는 의미도 있습니다. 충동이란 '하고 싶거나 갖고 싶다'는 강력한 마

음이나 욕구를 말하죠.

want(원하다)보다 impulse가 더 강한 마음과 욕구를 나타냅니다.

repulse (격퇴하다)

repulse는 're-(반대로)'와 'pulse(누르다)'가 합쳐져 '격퇴하다'를 뜻합니다.

어원을 조합하면 '자신과 반대쪽으로 확 되밀치다'라는 뉘앙스인데요, 여기에서 '격퇴하다'

라는 의미가 되었습니다. 일상 회화에서는 많이 듣지 못하는 단어지만 영화나 소설에서는 자

주 나오는 단어입니다.

'씻는' '장소'니까 '화장실'

'씻다'를 뜻하는 lava와 laun은 라틴어 lavāre(라바레: 씻다)에서 유래했습니다. lava나 laun이 붙는 단어에는 대부분 '씻다'라는 뉘앙스가 들어 있습니다.

lavatory (화장실)

lavatory는 'lava-(씻다)'와 '-tory(방/장소)'가 결합해 '화장실'을 의미합니다. 어원을 그대로 조합한 느낌이죠. 다만 lavatory는 문어체에 한정된 표현이므로 회화에서는 거의 쓰지 않습니다. 회화에서는 bathroom이나 restroom을 사용합니다.

laboratory(실험실)와 lavatory는 철자가 비슷해서 틀리기 쉬우니 주의하세요.

laundry (세탁물)

laundry는 'laun-(씻다)'과 '-dry(장소)'가 합쳐져 '세탁물'을 의미하며 '세탁소', '세탁실'이라는 뜻으로도 쓰입니다. 많은 곳에서 볼 수 있는 셀프 빨래방은 coin laundry라고 쓸 수 있습니다. 예전에는 pay laundry라고 했는데 조금 옛날식 표현이어서 지금은 사용하지 않습니다.

우리가 흔히 클리닝이라고 하는 말은 영어로 dry cleaning 또는 dry cleaner라고 합니다. 해외에서 세탁소에 드라이클리닝을 맡기고 싶을 때는 'laundry and dry cleaning'이나 'launderer and dry cleaner'라고 적힌 간판을 찾으면 됩니다.

launder (세탁하다)

launder는 'laund-(씻다)'와 '-er(사람)'이 만나 '세탁하다'라는 의미를 나타냅니다.

요즘은 전자동 세탁기가 일반적이지만 옛날에는 사람이 직접 옷을 빨았기 때문에 접미사 -er이 붙었습니다. 접미사 -er이 붙으면 기본적으로 명사지만 launder는 동사라는 점에 주의하세요. 3단 변화는 launder-laundered-laundered입니다.

'씻다'라는 의미의 단어로 보통 wash를 먼저 떠올릴 텐데요, wash는 옷을 빨 때도 쓸 수 있는 표현입니다. 다만 wash가 '씻다'에만 초점이 맞춰진 데 반해 launder는 '세제와 섬유 유연제를 넣어 헹구고 비벼 빤 다음 탈수해서 널기까지' 세탁 과정 전체가 포함되는 뉘앙스입니다.

money laundering (자금 세탁)

money laundering은 'money(돈)'와 'laundering(세탁)'이 합쳐진 의미입니다. '더러운 돈(탈세나 횡령 등 나쁜 짓으로 번 돈)'을 세계 각국의 은행에 반복적으로 송금해서 돈의 출처를 알 수 없게 만들어 '깨끗한 돈으로 바꾸는' 행위를 가리킵니다. '자금 세탁'은 경제 용어로 익숙한 단어죠. '돈 세탁'이라고도 합니다.

당연한 말이지만 자금 세탁은 범죄 행위입니다.

제1장
동사

제2장
어원

제3장
접두사·접미사

제4장
키우기 명단어 센스

'함께' '누르는' 것은 '압축하다'

'누르다'를 뜻하는 press는 라틴어 pressāre(프레사레: 억누르다)에서 유래했습니다. pressō는 커피 에스프레소(espresso: 이탈리아어)의 어원이기도 합니다. '압력을 가해서' 추출하는 진한 커피라서 에스프레소라고 하죠.

compress (압축하다)

compress는 'com-(함께)'과 'press(누르다)'가 만나 '압축하다'라는 의미가 됩니다. 어원을 조합하면 단어의 뜻이 연상되어 이해하기 쉬울 겁니다. '여러 가지를 모아서 한 덩어리로 만들어버린다'는 뉘앙스입니다.

impress (인상을 주다)

impress는 'im-(안으로)'과 'press(누르다)'가 합쳐져 '인상을 주다'라는 의미를 나타냅니다. 눈에 띄는 옷차림 등을 볼 때 '그 영상이 머릿속에 확 박혀서 들어온다'는 뉘앙스에서 '인상을 주다'라는 뜻이 되었습니다.

express (표현하다)

express는 'ex-(밖으로)'와 'press(누르다)'가 결합해 '표현하다'를 의미합니다. '자신의 생각을 밖으로 꺼내어 상대에게 압력을 가한다'는 뉘앙스에서 '표현하다'를 뜻하게 되었습니다.

또 밖으로 기세 좋게 내보낸다는 뉘앙스에서 '서둘러 보내는' 느낌인 '급행의', '속달의'라는 뜻도 생겼습니다. 급행열차는 express train, 특급열차는 super express train으로 표기합니다.

우체국에서 쓸 수 있는 Please send a mail by express. (속달 우편으로 보내주세요.)라는 표현도 있습니다.

oppress (압박하다/탄압하다)

oppress는 'op-(반대로)'와 'press(누르다)'가 합쳐져 '압박하다', '탄압하다'라는 뜻을 나타냅니다. '무언가를 확 누른다'는 뉘앙스에서 '압박하다'라는 의미가 생겼고, '상대의 신체와 행동, 인권을 억누른다'는 뉘앙스에서 '탄압하다'의 의미가 생겼습니다.

suppress (진압하다)

suppress는 'sup-(아래로)'과 'press(누르다)'가 결합해 '진압하다'를 뜻합니다. '사람들이 소란을 피울 때 아래로 확 누른다'는 뉘앙스에서 '진압하다'가 되었습니다.

depress (침체시키다)

depress는 'de-(떨어지다)'와 'press(누르다)'가 합쳐져 '침체시키다'를 의미합니다. '본래 하고 싶었던 일에서 멀어지는 상태'라는 뉘앙스에서 '침체시키다'라는 뜻이 생겼습니다.

같은 뉘앙스에서 '낙담시키다', '우울하게 하다' 등의 의미도 파생되었습니다. 경제 용어인 '불경기로 만들다', '(시세를) 하락시키다', '~의 힘을 약화시키다' 등의 의미로도 쓰입니다.

'나쁜' + '기능' = 'malfunction(고장)'

'나쁘다'를 뜻하는 mal은 라틴어 malus(말루스)에서 유래했습니다. mal이 붙는 단어에는 대부분 '나쁘다'라는 뉘앙스가 포함되어 있습니다.

malaria (말라리아)

malaria는 'mal(나쁘다)'과 'aria(공기)'가 더해져 생긴 단어입니다.

지금은 말라리아 원충을 보유한 모기에 물리면 감염되는 질병이라는 사실이 널리 알려져 있지만, 과거에는 '공기 감염으로 걸리는 병'이라는 인식이 있었습니다. 그래서 'mal + aria(공기 중에 떠다니는 나쁜 것)'라는 단어가 되었죠.

malady (폐해)

malady는 'mal(나쁘다)'과 '-dy(것)'가 결합해 '폐해'라는 의미를 뜻합니다. 어원의 의미는 앞에서 설명한 malaria와 같은데요, malaria는 '병원체'라는 뉘앙스인 데 비해 malady는 '사회나 조직의 심각한 문제'라는 뉘앙스라는 점에서 '폐해'를 뜻하게 되었습니다. 오래된 표현이므로 일상 회화에서는 들을 기회가 별로 없을 듯합니다. '사회에는 심각한 문제가 있다.'는 표현은 There are serious problems in society.라고 해도 충분합니다.

malefaction (나쁜 짓)

malefaction은 'mal(나쁜)'과 앞에서 설명한 '-fac(만들다, 하다)', 그리고 '-tion(~인 것)'

이 합쳐져 '나쁜 짓'을 의미합니다. '잘못된 일을 하는 것'이라는 뉘앙스에서 '나쁜 짓'을 뜻하게 되었습니다.

fac은 라틴어 facere(만들다, 하다)에서 유래했으며 접두사, 접미사, 어간에 모두 쓰입니다. 현대 영어의 make에 해당하는 말로, factory(만드는 곳) → 공장, benefactor(이익을 만들어주는 사람) → 은인 등의 단어가 있습니다.

malevolence (악의)

malevolence는 'mal(나쁜)', 'vol(마음)', '-lent(~인 상태)'가 결합해 '악의'라는 뜻이 되었습니다.

'나쁜 마음을 먹은 상태'라는 뉘앙스에서 '타인의 불행을 기뻐하다', '심술궂다'라는 의미도 있습니다.

vol은 접두사로도 사용하는데요, volunteer(자원봉사)는 '금전적인 면을 전혀 신경 쓰지 않고 양심만으로 움직이는 사람'이라는 뉘앙스입니다.

malfunction (고장)

malfunction은 'mal(나쁜)'과 'function(기능)'이 합쳐져 '고장'을 뜻합니다. 어원의 조합 그대로입니다. 일상 회화보다 서류상에서 '고장 부위'나 '기계 장애'라는 뜻으로 자주 등장하는 단어입니다. 회화에서는 out of order라고 표현하면 됩니다.

제1장
동사

제2장
어원

제3장
접두사·접미사

제4장
영단어키우기 센스

'해'가 '한 바퀴 도는' '것'이니까 'anniversary(~주년 기념)'

'해, 년'을 뜻하는 ann은 라틴어 annus(안누스)에서 유래했습니다.

ann이 붙는 단어에는 대부분 '해'라는 뉘앙스가 포함되어 있습니다.

annual (매년의)

annual은 'ann(해, 년)'과 '-al(형용사형 접미사)'이 결합해 '매년의'라는 의미를 나타냅니다. '연 1회의'라는 뉘앙스도 있습니다. '1년 내내'를 표현하고 싶을 때는 yearly 또는 all year round를 사용합니다.

참고로 '연 2회의'는 biannual, '반년에 한 번씩'은 semiannual입니다. 접두사 bi-는 '두 개'라는 뜻이고, semi-는 '절반의'라는 뜻입니다. '준결승'을 의미하는 '세미 파이널'이라는 말이 많이 쓰이고 있죠.

anniversary (~주년 기념)

anniversary는 'anni(해, 년)'와 '-vers(돌다, 한 바퀴 돌다)', 'ary(~인 것)'가 더해져 '~주년 기념'을 의미합니다. '1년에 한 번 돌아오는 것'이라는 뉘앙스에서 비롯되었습니다.

'기념일'이라는 의미로도 쓰이는데요, '결혼기념일'은 wedding anniversary, '50주년 기념'은 the 50th anniversary입니다.

the second anniversary of my grandfather's death(할아버지의 2주기)라는 표현도 있습니다.

annuity (연금)

annuity는 'ann(해, 년)'와 '-ity(명사형 접미사)'가 만나 '연금'이라는 의미를 나타냅니다. annuity는 조금 딱딱한 표현이므로 시청에서 적는 정식 서류 등에 사용할 때가 많습니다. 일반적으로는 '연금'이라는 뜻으로 pension을 많이 쓰는데, '요금이 저렴한 숙박시설'이라는 뜻도 있습니다. 이것은 '연금 생활을 하는 사람도 이용하기 쉬운 숙소'라는 영어의 뉘앙스에서 나온 뜻입니다.

참고로 pension의 어원은 '매달린 것, 어중간한 상태'라는 뉘앙스에서 왔습니다. '일단 나라에 돈을 맡겨둔다'는 것이니 돈이 '공중에 떠 있는 상태'라는 의미에서 pension이 연금을 뜻하게 되었습니다.

Anno Domini (기원후)

Anno Domini(안노 도미니)는 라틴어 그대로 영어로도 쓰이고 있으며 '기원후'라는 뜻입니다. 보통 A.D.라고 생략해서 사용하죠. '기원전'은 Before Christ(B.C.)라는 영어 표현인데요, '그리스도가 태어나기 전'이라는 뜻입니다.

Domini는 '성인'이라는 의미로 그리스도를 말해요.

Anno는 어원인 ann과 마찬가지로 '해, 년'이라는 의미입니다. 이 두 단어가 합쳐져 '성자 그리스도가 태어난 후부터 계산해서'라는 뉘앙스에서 '기원후'라는 의미가 되었습니다.

참고로 사람 이름 중에 Dominic(도미닉)이 있는데, Domini에서 유래했으며 '성자'라는 의미를 담아 지은 이름입니다.

'물' + '떨어지다' = 'dehydrate(탈수되다)'

'물'을 뜻하는 hydr는 그리스어 유래의 라틴어인 hydor(이도르: 물의)에서 왔습니다. hydr가 붙는 단어에는 대부분 '물'이라는 뉘앙스가 포함되어 있습니다. 자동차 타이어와 노면 사이에 물이 들어가 제어할 수 없는 상태를 '하이드로 플레이닝(수막 현상)'이라고 합니다.

'물'을 나타내는 어원으로는 aqua라는 라틴어도 있습니다. aquarium은 '수족관'이고 스포츠음료인 aquarius(아쿠아리우스)는 '물 같은 음료'라는 의미에서 지어진 이름입니다.

hydrate (수화시키다)

hydrate는 'hydr(물)'와 '-ate(동사형 접미사)'가 결합해 '수화시키다'라는 의미를 나타냅니다. hydration이라는 명사형이 되면 '수화'라는 뜻입니다. 화학 분야나 제조업에서는 필수 단어입니다.

hydraulic power plant (수력발전소)

hydraulic power plant의 의미는 '수력발전소'입니다. hydraulic은 'hydr(물), '-aul(파이프)', '-ic(형용사형 접미사)'가 합쳐진 단어로, '수도관에 관한'이라는 뉘앙스에서 '수력의'라는 의미가 되었습니다.

power plant는 '발전소'라는 의미입니다. 그래서 원자력발전소는 nuclear power plant, 화력발전소는 thermal power plant라고 합니다.

참고로 solar power station(태양광발전소)에는 plant가 아니라 station을 사용합니다.

hydrant (소화전)

hydrant는 'hydr(물)'와 '-ant(명사형 접미사)'가 결합해 '소화전'이라는 의미를 나타냅니다. '물이 나오는 곳'이라는 뉘앙스입니다. 이 단어는 꼭 외워두세요. 해외 호텔에 머물 때는 hydrant가 있는 장소를 확인해두는 것이 중요합니다.

dehydrate (탈수되다)

dehydrate는 'de-(떨어지다)'와 'hydrate(수화시키다)'가 만나 '탈수되다'라는 의미가 되었습니다. '물이 멀리 떨어진 곳으로 가버리다'라는 뉘앙스입니다. dehydrated powder는 스포츠음료 등을 만드는 '재료'인 '탈수 분말'이라는 뜻입니다.

dehydration (탈수 증상)

dehydration은 dehydrate의 명사형으로 '탈수'라는 의미이며 '탈수 증상'이라는 뜻도 있습니다. 만약 해외에서 몸이 좋지 않아 병원에 갔을 때 dehydration이라는 표현을 사용하면 의사가 원인을 파악해줄 겁니다.

hydrogen (수소)

hydrogen은 'hydro(물)'와 'gen(~을 발생시키는 것)'이 결합해 '수소'를 의미합니다. '물에 관한 원소'라는 뉘앙스입니다. 그래서 산소는 oxygen, 탄소는 nitrogen이라고 합니다.

제1장
동사

제2장
어원

제3장
접두사·접미사

제4장
영단어 키우기 센스

'테라스석'은 '땅'을 바라볼 수 있는 '장소'

'땅/지구'를 뜻하는 terra는 그리스어 유래의 라틴어로, terra(테라)를 그대로 씁니다. terra가 붙는 단어에는 대부분 '땅'이나 '지구'라는 뉘앙스가 들어 있습니다.

terrace (대지/테라스)

terrace는 'terra(대지)'와 '-ce(장소)'가 합쳐져 '대지/테라스'라는 의미를 나타냅니다. '대지'는 '고지대' 혹은 '아래의 땅을 바라볼 수 있는 장소'를 말합니다. 우리도 흔히 '바깥 풍경을 바라볼 수 있는 장소'라는 의미로 '레스토랑 테라스석'이라고 표현하고 있지요.

terrain (지역)

terrain은 terra의 어원이 파생되어 '지역'이라는 의미가 되었습니다. '사람들이 사는 행정구의 한 구역'이라는 뉘앙스입니다.

'지역'이라는 의미의 영단어로는 area가 익숙할 텐데요, terrain과 의미는 같지만 뉘앙스가 다릅니다. terrain은 '지역' 중에서도 지형 등 '토지의 형태'에 초점이 맞춰져 있습니다. 예를 들면 the rugged terrain(험난한 지형) 등이 있죠. 이에 비해 area는 '면적이나 지리적인 장소'에 초점을 맞춘 단어입니다. 그래서 the urban area라고 하면 '도시 지역'을 뜻합니다. 일상 회화에서는 terrain보다 area가 일반적으로 쓰이는 표현입니다.

territory (영토/진지)

territory는 'terri(땅)'와 '-tory(장소)'가 합쳐져 '영토/진지'를 의미합니다. 접미사 -tory가 여러 번 등장하는데요, 여기에서는 '장소'라기보다 '구분된 토지'라는 뉘앙스입니다. 따라서 territory는 '국가가 자국의 소유라고 구분한 땅'이라는 의미로 쓰입니다.

terraform (지구화하다)

terraform은 'terra(지구)'와 'form(형성하다)'이 만나 '지구화하다'라는 의미가 되었습니다. '지구화하다'라는 의미가 잘 이해되지 않을 텐데요, '지구 이외의 행성을 지구와 같은 환경으로 만들다' 또는 '인간이 살 수 있도록 만들다'라는 뉘앙스입니다.

여기까지 설명한 내용으로 많은 분이 생각했겠지만, terraform은 주로 SF(Science Fiction) 영화나 소설에 자주 등장하는 단어입니다. 조금 오래된 영화지만 <토탈 리콜>이라는 영화에도 terraform이라는 표현이 나옵니다.

제 3 장

접두사 ·
접미사

'접두사'와 '접미사'의 조합에서 단어 의미 연상하기

접두사와 접미사의 조합 패턴 세 가지

제3장에서는 접두사와 접미사를 주제로 관련 단어를 다루겠습니다. 접두사와 접미사란 기본 단어에 추가로 붙여서 단어의 의미를 다양하게 변화시킬 수 있는 말입니다.

접두사나 접미사가 포함된 단어가 나왔을 때, 단어를 분해해서 접두사나 접미사에 주목하면 의미를 연상할 수 있습니다.

접두사와 접미사의 패턴은 다음 세 가지입니다.

1. 접두사 + 기본 단어

2. 기본 단어 + 접미사

3. 접두사 + 기본 단어 + 접미사

어원과 마찬가지로 접두사와 접미사도 너무 많기 때문에 전부 다 외우려고 하면 힘들어집니다. 단, 어원과 마찬가지로 원어민이 일상생활에서 쓰는 접두사와 접미사는 아주 한정적입니다.

그래서 이 책에서는 30년 넘는 저의 통역 경험을 바탕으로 접두사·접미사를 각각 13개씩 엄선했습니다. 책에서 다루는 접두사와 접미사 활용법에 익숙해졌다면 다른 접두사와 접미사로 조금씩 범위를 넓혀서 어휘를 늘려가기 바랍니다.

그림 3-1	접두사·접미사에서 의미 연상하는 법

접두사·접미사의 세 가지 패턴

접두사	**접두사** + 기본 단어

접미사	기본 단어 + 접미사

접두사 + 접미사	**접두사** + 기본 단어 + 접미사

접두사로 연상하기	접미사로 연상하기

expose

'ex-(밖에)' + 'pose(두다)'

'(보이도록) 밖에 두다'

'드러내다'

selfish

'self(자신)' + '-ish(~이 두드러진)'

'자신의 주장이 두드러진'

'이기적인'

183

'안쪽으로' + '항구' = 'import(수입)'

in-/im-은 라틴어에서 유래한 접두사입니다. '안', '안쪽으로', '내부에' 등의 의미가 있습니다. in-과 im-의 구별은 어원과 문맥에 따라 바뀌므로 구별법을 익히기보다는 '기본 단어'와 세트로 함께 외워두세요.

inborn (타고난)

inborn은 'in-(안쪽에 붙어 있다)'과 'born(태어나다)'을 더하면 '태어났을 때 이미 안쪽에 붙어 있다'가 되어 '타고난'이라는 의미가 되었습니다.

income (수입)

income은 'in-(내 안에)'과 'come(들어오는 것)'이 만나 '수입'을 의미합니다. income의 반의어는 outcome으로 '결과'라는 뜻입니다. '수입'의 반대말이라고 해서 '지출'이라고 오해하기 쉬우니 주의하세요. 일반적인 지출을 나타내는 단어는 outgo입니다.

include (포함하다)

include는 'in-(안에)'과 'clude(가두다)'가 결합해 '포함하다'를 뜻하게 되었습니다. 반의어는 'ex-(밖에)'와 'clude(가두다)'가 합쳐진 exclude로, '배제하다, 제외하다'라는 뜻입니다.

insight (통찰력)

insight는 'in-(안을)'과 'sight(보는 것, 시야)'가 합쳐져 '통찰력'이라는 의미를 나타냅니다. 통찰력은 '사람이나 사물을 주의 깊게 관찰하여 깊은 곳에 있는 속성과 본질을 꿰뚫어 보는 것'을 말합니다. insight는 말 그대로 '안을 보는 것'이니 '통찰력'이라는 단어가 잘 어울립니다.

참고로 강세는 접두사 in에 오므로 '인사이트'로 발음합니다. 접두사·접미사에 강세가 오는 경우는 거의 없지만 이 단어는 예외이니 주의하세요.

import (수입)

import는 'im-(안쪽으로)'과 'port(항구)'가 결합한 형태로, '항구 안쪽으로 가져오는 것'에서 '수입'을 뜻하게 되었습니다.

import는 명사와 동사의 뜻을 모두 가지고 있는데 명사일 때는 '임포트'로 강세가 앞에 오고, 동사일 때는 '임포트'로 강세 위치가 바뀝니다. 이런 단어를 '명전동후'(명사는 앞쪽에, 동사는 뒤쪽에 강세가 온다)라고 합니다.

implant (이식)

implant는 'im-(안쪽으로)'과 'plant(심다)'가 만나 '이식'이라는 의미를 나타냅니다. 명사와 동사가 있으며 명사는 '임플란트'로 앞쪽에, 동사는 '임플란트'로 뒤쪽에 강세가 옵니다. 치과 치료에서 '임플란트'라는 단어가 많이 쓰이니 익숙하겠지요. 물론 치아뿐만 아니라 뼈, 피부, 장기 등의 치료에도 쓰이는 표현입니다. 사상 등을 '심어준다'는 의미도 있습니다.

'imperfect' = '반대의' + '완전한'

접두사 in-/im-에는 앞에 나온 '안', '안쪽으로' 외에 '반대의'라는 의미가 있습니다.

'부정어(~가 아니다)'의 뉘앙스로 생각하기 쉬운데 접두사 in-/im-은 그냥 '반대의'라는 뜻이니 주의하세요.

inactive (활발하지 않은)

inactive는 'in-(반대의)'과 'active(활발한)'가 결합해 '활발의 반대'가 되어 '활발하지 않은'이라는 뜻이 생겼습니다. 활화산은 active volcano, 휴화산은 inactive volcano입니다.

inappropriate (부적절한)

inappropriate는 'in-(반대의)'과 'appropriate(적절한)'가 만나 '부적절한'이라는 의미가 되었습니다. '적절한'을 '안성맞춤'이라는 말로 바꿔보면 이해하기 쉽겠죠.

incapable (무능한)

incapable은 'in-(반대의)'과 'capable(능력이 있다)'이 결합해 '무능한'이라는 의미를 나타냅니다.

impossible (불가능한)

impossible은 'im-(반대의)'과 'possible(가능한)'이 만나 '불가능한'이라는 뜻을 나타냅니다. 앞에 나온 incapable을 포함해 -able(-ible)로 끝나는 단어는 '가능한'이라는 의미의 형용사입니다. 여기에 대해서는 접미사 항목에서 다시 설명하겠습니다.

참고로 possible은 'poss(힘이 있다)'와 '-able(~할 수 있는)'이 결합해 '할 수 있는 힘이 있다'가 되어 '가능한'이라는 의미가 생겼습니다. able은 be able to ~(~할 수 있다)라는 숙어로 쓰입니다.

impolite (무례한)

impolite는 'im-(반대의)'과 'polite(예의 바른)'가 결합해 '무례한'을 뜻합니다.

비슷한 의미의 단어로 rude가 있는데요, rude는 '고의로 타인을 불쾌하게 하는 언동이나 태도'를 말하고, impolite는 '예의 바른'의 반대이므로 단순히 '예의에 어긋난 행위'를 가리킨다는 차이가 있습니다.

imperfect (불완전한)

imperfect는 'im-(반대의)'과 'perfect(완전한)'가 합쳐져 '불완전한'을 의미합니다.

in-과 im-의 접두사를 뺀 부분(perfect)을 외워두면, in-과 im-이 붙을 때 '반대 의미'가 되므로 imperfect를 힘들여 따로 암기하지 않아도 되겠죠.

이처럼 접두사·접미사를 잘 이해하면 어휘력도 쑥쑥 향상됩니다.

제1장
동사

제2장
어원

제3장
접두사·접미사

제4장
키우기 영단어 센스

이전 상태에서 '밖으로 멀어지는' 뉘앙스가 있는 'ex-'

접두사 ex-는 라틴어에서 유래했으며 '밖으로'라는 의미입니다. 앞서 언급했던 '안/안쪽'이라는 의미의 접두사 in-/im과 대조되는 단어입니다.

또 '밖으로'라는 의미에서 파생되어 이전 상태에서 '밖으로' 멀어진다는 뉘앙스에서 '전(前)~'이라고 표현하는 단어 'ex-employee(전 직원)'도 있습니다.

export (수출)

export는 'ex-(밖으로)'와 'port(항구)'가 만나 '항구 밖으로 나가는 것'이 되어 '수출'을 뜻합니다. 반의어는 앞에서 설명한 import(수입)입니다.

exit (출구)

exit는 'ex-(밖으로)'와 'it(가다)'가 결합해 '출구'라는 의미를 나타냅니다.

참고로 '입구'는 entrance입니다. import, export와는 달리 반의어의 어간이 바뀌지요. entrance는 'enter(들어가다)'와 'ance(장소)'가 합쳐진 단어입니다. 컴퓨터의 '엔터키(enter key)'는 '입력'이 완료되었을 때 누르는 버튼을 말하죠.

exit는 주로 미국에서 쓰는 단어이고, 영국에서는 way out이라는 표현을 많이 씁니다.

exile (망명)

exile은 'ex-(밖으로)'와 'ile(헤매다)'의 조합으로 '나라 밖으로 가는 것'이 되어 '망명'을 의미하게 되었습니다.

일본에서는 '망명'이라는 뜻보다 인기 댄스 그룹의 이름으로 알고 있는 사람이 더 많을지도 모르겠네요.

expose (드러내다)

expose는 'ex-(밖으로)'와 'pose(두다)'가 합쳐져 '(보이도록) 밖에 두다'에서 '드러내다'라는 의미가 되었습니다.

어간 pose는 다양한 접두사와 연결할 수 있습니다. 뒤에서 설명할 접두사 pro-(앞으로)와 조합하면 propose(제안하다)가 됩니다. propose는 청혼한다는 의미로 더 익숙한 단어지요.

excel (뛰어나다)

excel은 'ex-(밖으로)'와 'cel(우뚝 솟다)'이 결합해 '뛰어나다'라는 의미를 나타냅니다. 지금은 본래의 '뛰어나다'보다는 수식 계산 소프트웨어 이름으로 많이 알려져 있죠.

example (예시)

example은 'ex-(밖으로)'와 'ample(것)'이 만나 '밖으로 꺼낸 것'이 되면서 '예시'라는 뜻이 생겼습니다.

'international(국제적인)'은
'상호' + '국가'

접두사 inter-는 라틴어에서 유래했으며 '상호 간의'라는 의미입니다. '~의 안에', '~의 사이에'라는 뜻도 있습니다.

영어에는 둘 이상의 단어가 합쳐져 하나의 의미를 나타내는 '복합어'가 있는데요, inter-는 다양한 복합어를 만들 수 있는 접두사입니다.

Internet (인터넷)

Internet은 'Inter-(상호 간의)'와 'net(망)'이 더해져 '인터넷'이 되었습니다.

network(통신망)가 서로 연결되어 있는 인터넷을 이용하면 전 세계의 웹사이트를 볼 수 있죠.

인터넷은 하나밖에 존재하지 않으므로 첫 글자는 반드시 대문자를 써야 합니다. 사람 이름이나 국가 이름이 하나뿐이라서 첫 글자를 대문자로 표기하는 것과 같은 개념입니다.

interchange (교환하다)

interchange는 'inter-(상호 간의)'와 'change(바꾸다)'가 결합해 '교환하다'라는 의미를 나타냅니다.

고속도로 인터체인지(IC)라는 말도 들어가고 나가는 차량이 교차하는 장소라는 의미로 쓰입니다. 철도에서도 다른 노선으로 갈아탈 수 있는 역을 interchange station(환승역)이라고 표현합니다.

interview (면접, 인터뷰)

interview는 'inter-(상호 간의)'와 'view(보다)'가 합쳐져 '서로의 얼굴을 보다, 얼굴을 마주하다'라는 의미에서 '면접, 인터뷰'라는 뜻이 되었습니다.

'인터뷰'도 우리가 흔히 쓰는 말이죠. 영어의 interview에는 '면접'이라는 의미도 있다는 점을 알아두세요. 비즈니스 상황에서는 '면접'이라는 의미로 많이 사용합니다.

international (국제적인)

international은 'inter-(상호 간의)'와 'national(국가)'이 결합해 '국제적인'이라는 뜻을 나타냅니다.

외국에 대해 잘 아는 것만으로는 international이라고 할 수 없습니다. 왜냐하면 'inter-'가 아니기 때문이죠. 외국인에게 우리나라에 대해서도 말할 수 있어야 international입니다. 진정한 international은 '일방통행'이 아니라 '교류'니까요.

interconnect (연결하다)

interconnect는 'inter-(상호 간의)'와 'connect(연결)'가 합쳐져 '연결하다'를 의미합니다.

이처럼 접두사 inter-를 활용해 다양한 복합어를 만들 수 있습니다. 예컨대 continental(대륙의)과 더하면 intercontinental(대륙 간의)이 되고, dependent(의존)와 합치면 interdependent(상호 의존의)가 됩니다.

'함께' + '일하는 것' = 'cooperation(협력)'

접두사 co-/con-/com-은 '함께'라는 의미로, 라틴어에서 유래했습니다. 원래는 con-이었는데 세월이 지나면서 co-와 com-이 파생되었습니다.

이 접두사가 쓰인 단어가 많은데 '함께'라는 뉘앙스를 머리에 넣어두면 기억하기 쉽겠죠.

예를 들어 company의 본래 의미는 '함께 빵을 먹는 동료'입니다. 여기에서 '함께 같은 일을 한다'는 의미가 되어 '회사'라는 뜻이 생겼습니다.

cooperation (협력)

cooperation은 'co-(함께)'와 'operation(활동)'이 결합해 '협력'을 의미하게 되었습니다. operation이라는 단어도 아주 중요하니 알아두면 좋겠지요. 접미사 -tion은 명사형 접미사입니다. 참고로 소비자 생활협동조합을 뜻하는 'co-op(코업)'은 cooperation의 앞 4글자를 딴 것입니다.

coworker (동료)

coworker는 'co-(함께)'와 'worker(일하는 사람)'가 만나 '동료'라는 뜻이 되었습니다.

colleague도 비슷한 의미인데요, 'co-(함께)'와 'league(선발된 사람)'가 합쳐진 단어입니다. coworker는 '같은 직장에서 함께 일하는 사람'이라는 뉘앙스이고, colleague는 '같은 직업이나 전문 분야에서 일하는 사람'이라는 뉘앙스이기 때문에 조금 다른 상황에서 사용합니다.

conceal (봉인하다)

conceal은 'con-(함께)'과 'ceal(숨기다)'이 결합해 '봉인하다'라는 의미가 됩니다. 화장품의 컨실러가 바로 이 conceal을 말합니다. 잡티나 거친 피부를 감춘다는 뜻에서 쓰이고 있죠.

본래는 편지를 넣은 봉투를 납으로 꾹 눌러서 봉했던 것에서 유래했습니다. 편지와 봉투를 함께 넣어둔다는 뉘앙스에서 비롯되었습니다.

conquest (정복)

conquest는 'con-(함께)'과 'quest(찾다)'가 합쳐져 '좋은 장소를 찾아 자신의 나라와 하나로 만들다'가 되어 '정복'이라는 의미가 생겼습니다. quest는 RPG 게임 '드래곤 퀘스트'에 쓰인 단어인데요, '드래곤을 찾아다닌다'는 의미입니다.

compose (구성하다)

compose는 'com-(함께)'과 'pose(두다)'가 만나 '구성하다'라는 의미를 나타냅니다. 여기에서 파생된 '소리를 구성하다'가 '곡을 만들다'가 되어 '작곡'이라는 의미로도 쓰입니다.

'찔러서 상대를 멀리 떨어뜨리다'에서 '지키다'가 된 'defend'

접두사 de-는 라틴어에서 유래했으며 '떨어지다'라는 뜻입니다. 전치사 from과 of의 뉘앙스로 쓰였는데 점차 of가 없어졌습니다. 현대 스페인어에서도 de는 '떨어지다'라는 의미로 쓰입니다.

derail (탈선하다)

derail은 'de-(떨어지다)'와 'rail(궤도)'이 합쳐져 '탈선하다'라는 뜻이 되었습니다. 기차가 레일에서 벗어나는 것에 빗대어 이야기가 화제에서 벗어났을 때도 derail을 쓸 수 있습니다.

deforest (삼림을 벌채하다)

deforest는 'de-(떨어지다)'와 'forest(삼림)'가 결합해 '숲에서 나무를 점점 멀어지게 하다'가 되어 '삼림을 벌채하다'라는 의미가 생겼습니다.

defend (지키다)

defend는 'de-(떨어지다)'와 'fend(치다, 찌르다)'의 조합으로 '찔러서 상대를 멀리 떨어뜨리다'가 되어 '지키다'라는 의미를 나타냅니다.

'치다, 찌르다'라는 의미의 fend는 '펜싱(fencing)'의 어원입니다. 펜싱은 가느다란 검으로 상대를 찌르는 스포츠이지요. 펜싱의 이미지를 기억하면 defend의 뉘앙스를 이해하기 쉬울 겁니다.

demerit (결점)

demerit는 'de-(떨어지다)'와 'merit(장점)'가 더해져 '장점에서 멀어지다'가 되어 '결점'이라는 뜻이 생겼습니다. '장점의 반대'라서 결점을 뜻하는 것이 아니니 주의하세요.

detox (해독, 디톡스)

detox는 'de-(멀어지다)'와 'tox(독)'가 결합해 '해독, 디톡스'라는 의미를 나타냅니다. 디톡스라는 말이 일상에서 많이 쓰이는데 사실 영어의 본래 의미는 '해독'입니다. 따라서 몸속의 노폐물을 배출한다는 의미와는 조금 다릅니다.

tox-로 시작하는 단어는 정말 많은데요, 대부분 '독'을 나타내는 의미라고 외워두면 모르는 단어가 나와도 잘 대처할 수 있습니다.

deactivate (비활성화시키다)

deactivate는 'de-(떨어지다)'와 'activate(활성화시키다)'가 만나 '활성화된 상태에서 멀어지다'가 되어 '비활성화시키다'라는 의미가 생겼습니다.

decode (해독하다)

decode는 'de-(떨어지다)'와 'code(암호)'가 결합해 '암호를 모르는 상태로부터 멀어지다'가 되어 '해독하다'라는 의미를 나타냅니다.

code는 dress code(복장 규정)처럼 '규정'이라는 뜻으로도 쓰입니다.

'다른 방향으로' + '평온' = 'disease(질병)'

접두사 dis-는 '다른 방향으로'라는 의미로 라틴어에서 유래했습니다. 앞에서 설명한 접두사 in-과 의미가 비슷하니 뉘앙스를 잘 이해해서 확실하게 차이점을 정리해두세요.

disconnect (배선 등을 끊다)

disconnect는 'dis-(다른 방향으로)'와 'connect(연결하다)'가 만나 '배선 등을 끊다'라는 의미가 되었습니다. '다른 방향으로 배선을 연결하다'에서 '끊다, 차단하다'라는 뜻이 생긴 것이지요.

discount (할인하다)

discount는 'dis-(다른 방향으로)'와 'count(수를 세다)'가 결합해 '팔고 싶은 사람의 가격과 다른 방향으로 가버리다'가 되어 '할인하다'를 뜻하게 되었습니다.

dislike (싫어하다)

dislike는 'dis-(다른 방향으로)'와 'like(좋아하다)'가 합쳐져 '싫어하다'라는 의미를 나타냅니다. '좋아하다'의 반대말이니 접두사 in-(반대의)이 오지 않을까 생각할 수도 있겠네요. 가령 '좋아하는' 사람이나 사물과는 계속 시선을 맞출 수 있을 만큼 편하다고 한다면, dislike는 '시선을 맞추기가 불편하다', '시선을 돌리다'라는 뉘앙스가 있어 '싫어하다'라는 뜻이 된 것이죠.

discard (버리다)

discard는 'dis-(다른 방향으로)'와 'card(카드)'가 합쳐져 '버리다'를 의미합니다. 이 단어도 어원 조합만으로는 의미를 연상하기 어려울 텐데요.

card는 카드 게임의 트럼프 카드를 말하는데 '필요 없는 카드를 어딘가로 몰아낸다'는 뉘앙스에서 '버리다'라는 뜻이 나온 거죠. 카드 게임 외에도 불필요한 물건이나 생각을 '버리다'의 의미로도 쓰입니다.

disease (질병)

disease는 'dis-(다른 방향으로)'와 'ease(편안함)'가 결합해 '질병'이라는 뜻을 나타냅니다. ease의 형용사는 easy(쉬운, 용이한)입니다. 질병은 몸 상태가 편안함에서 다른 방향으로 향해버리는 것이니 접두사 dis-의 뉘앙스와 딱 어울립니다.

disappear (사라지다)

disappear는 'dis-(다른 방향으로)'와 'appear(나타나다)'가 만나 '사라지다'를 뜻하게 되었습니다. '나타나다'의 반대 개념이 아니라 '시야에서 벗어난 곳에 나타난다'는 뉘앙스입니다.

'사라지다'라고 하면 '존재 자체가 없어져버린다'는 뉘앙스로 받아들여질 수 있는데요, disappear는 '사람이나 사물이 존재하긴 하지만 어딘가 눈에 띄지 않는 곳에 있다'는 뉘앙스입니다.

제1장
동사

제2장
어원

제3장
접두사·접미사

제4장
키우기 영단어 센스

'약을 받기 전에 써주는 서류'니까 '처방전'

접두사 pre-와 pro-는 라틴어에서 유래했으며 '이전에/앞에'라는 의미입니다. 시간을 나타내는 '이전에'와 위치를 나타내는 '앞에'라는 두 가지 뉘앙스가 있습니다.

present (선물, 현재)

present는 'pre-(눈앞에)'와 'sent(존재하는 상태)'가 결합해 '선물' 또는 '현재'를 의미합니다. 시간상 의미로 생각하면 '지금 눈앞에 존재하는 때'는 현재를 말하죠. 선물은 '눈앞에 물건이 있는 상태'라는 뉘앙스입니다.

이 밖에 present는 '출석하다'라는 의미의 형용사로도 사용합니다. '눈앞에 존재하는 상태'이므로 출석했다는 뜻을 나타내죠. 참고로 반의어는 absent(결석하다)입니다.

present에 접미사 -tion을 붙이면 presentation이 되는데요, 프레젠테이션이라는 단어도 그대로 많이 사용되고 있죠. '사람들의 눈앞에 있는 상태'라는 뉘앙스에서 출발해 '사람들 앞에서 보여주다'가 되어 지금의 프레젠테이션을 뜻하게 되었습니다.

prescription (처방전)

prescription은 'pre-(이전에)'와 'scription(서류)'이 합쳐져 '약을 받기 전에 써주는 서류'가 되어 '처방전'이라는 의미가 생겼습니다.

제1장
동사

제2장
어원

제3장
접두사·접미사

제4장
키우기 영단어 센스

precondition (전제조건)

precondition은 'pre-(이전의)'와 'condition(조건)'이 만나 '전제조건'이라는 의미를 나타냅니다.

condition을 보통 '건강 상태, 상황, 환경' 등의 의미로 많이 사용하는데요, '조건'이라는 뜻도 있습니다.

비즈니스 현장에서는 precondition도 자주 쓰이는 단어이니 잘 외워두세요.

protect (보호하다)

protect는 'pro-(이전의)'와 'tect(덮다)'가 합쳐져 '미리 덮어둔다'는 뉘앙스에서 '보호하다'를 뜻하게 되었습니다.

tect는 '덮다'라는 뜻의 게르만어에서 유래했으며, 접미사 -tion을 붙인 protection은 '보호'라는 의미의 명사가 됩니다.

provide (공급하다)

provide는 'pro-(이전의)'와 'vide(보다)'가 결합해 '공급하다'라는 뜻이 되었는데요, vide는 '보다'라는 뜻의 라틴어에서 유래했습니다.

공급하기 위해서는 양이 얼마나 필요한지 '미리 상황을 봐야' 합니다. 그렇게 해서 '필요한 분량을 사전에 파악'한 후에 수요에 맞춰 '공급하는' 것이죠.

provide와 비슷한 의미로 supply(공급하다)가 있습니다. supply는 '부족한 것을 보충하다'라는 뉘앙스이므로 같은 뜻이라도 구별해서 써야 합니다.

'아래의' + '길' = 'subway(지하철)'

접두사 sub-는 '아래의/다음의'라는 의미로, 라틴어에서 유래했습니다. 물리적인 상하 관계를 나타낼 뿐만 아니라 의식이나 개념, 계급이 '아래'라는 의미도 포함합니다.

subway (지하철)

subway는 'sub-(아래의)'와 'way(길)'의 조합으로, '땅 밑을 지나는 길'에서 '지하철'이라는 뜻이 생겼습니다.

sub-와 비슷한 접두사로 under-가 있는데요, under-가 들어간 단어로는 underground(지하), underpass(지하도) 등이 있습니다.

suburb (교외)

suburb는 'sub-(다음의)'와 'urb(도시)'가 합쳐져 '도시에 버금가는 규모의 지역', '도시 바깥쪽'이라는 뉘앙스에서 '교외'를 의미합니다. '주택지'라는 의미로도 쓰입니다.

어간 urb는 라틴어의 '도시(urban)'를 나타내는데 아파트 이름 일부로 '어반'이 쓰이는 예도 있죠.

subculture (하위문화)

subculture는 'sub-(아래의)'와 'culture(문화)'가 결합해 '하위문화'라는 의미를 나타냅니다.

'서브 컬처'라는 영어 표현을 그대로도 많이 쓰는데, 뉘앙스에 주의할 필요가 있습니다.

subculture가 뜻하는 '하위문화'의 '하위'는 '서민'을 말합니다. 요컨대 귀족 계급이 아닌 서민 사이에서 퍼진 문화라는 것이죠. 수준이 낮다는 뉘앙스가 절대 아니라는 점을 기억하세요. 예컨대 랩 음악은 하위문화에서 탄생해 현대 음악에 빼놓을 수 없는 장르가 되었습니다.

subtitle (자막)

subtitle은 'sub-(아래의)'와 'title(제목)'이 더해져 '자막'을 뜻합니다. '부제'라는 뜻으로도 사용하는데 영어 발음 그대로 서브타이틀이라고도 하죠.

title의 본래 의미가 '글자가 나와 있는 것'이어서, 어원을 합치면 '화면 아래에 글자가 나와 있는 것'이 되어 '자막'이라는 뜻이 생겼습니다.

submarine (잠수함)

submarine은 'sub-(아래의)'와 'marine(바다의)'이 결합해 '잠수함'이라는 의미를 나타냅니다. 단어 조합은 subway와 비슷합니다.

mar-는 라틴어로 '바다'를 뜻하는데 '마린 스포츠'라는 표현이 대표적입니다.

참고로 mar-에서 파생한 mer- 뒤에 maid(여성)를 붙이면 mermaid(인어)가 됩니다.

제1장
동사

제2장
어원

제3장
접두사·접미사

제4장
키우기 영단어 센스

'넘어서다' + '요금' = 'surcharge(추가 요금)'

접두사 sur-는 프랑스어에서 영어로 도입된 말로 '넘어서다'라는 뜻입니다. sur-가 붙은 단어가 많은 관계로 책에서는 중요 단어를 중심으로 다루겠습니다.

surface (표면)

surface는 'sur-(넘어서다)'와 'face(얼굴)'가 합쳐져 '표면'을 뜻합니다. '얼굴을 넘어서다'에서 어떻게 '표면'이라는 의미가 되었을까요? 상대를 볼 때 가장 먼저 보이는 것이 '얼굴'이죠. 그 얼굴을 '넘어서 가장 위에 있는 것'이 표면이라는 뉘앙스입니다.

물리적인 것에 쓸 때는 '표면', 사람이나 사고방식에 쓸 때는 '개관'이나 '겉보기'라는 뜻이 됩니다.

surplus (흑자)

surplus는 'sur-(넘어서다)'와 'plus(더하다)'가 결합해 '흑자'라는 의미를 나타냅니다. 수입에서 지출을 빼고도 '돈이 더해진 상태로 넘어서는' 것이 흑자죠.

surname (성씨, 성)

surname은 'sur-(넘어서다)'와 'name(이름)'이 합쳐져 '성씨, 성'을 뜻합니다. 이름을 넘어서 제일 먼저 오는 공통된 글자가 성이기 때문이죠. last name이라고도 합니다. 성을 뺀 '이름' 부분은 first name 또는 given name이라고 하는데요, 부모로부터 받았다는 의미에서 given name이라고 쓰게 되었습니다.

surcharge (추가 요금)

surcharge는 'sur-(넘어서다)'와 'charge(요금)'가 결합해 '추가 요금'을 의미합니다. 글자 그대로의 뉘앙스예요. '일정한 정가를 초과해서 청구된 것'이라는 뜻입니다.

비행기를 타면 유류할증료라는 명목으로 항공료에 요금이 더 붙는데 그야말로 추가 요금이죠.

surpass (우수하다, 뛰어넘다)

surpass는 'sur-(넘어서다)'와 'pass(통과하다)'가 만나 '우수하다, 뛰어넘다'라는 의미를 나타냅니다. '모든 것을 지나서 위로 가버린 상태'라는 뉘앙스입니다. 의미상으로는 접두사 ex-에서 설명한 excel(뛰어나다)과 비슷합니다.

surveil (감시하다)

surveil은 'sur-(넘어서다)'와 'veil(주의 깊게 보다)'이 합쳐져 '감시하다'를 뜻합니다. 여기에서 sur-는 '넘어서다'보다는 '위에서'라는 의미가 강합니다. 뜻을 합쳐보면 '위에서 주의 깊게 본다'가 되어 '감시하다'라는 뜻이 생겼습니다.

그리 자주 접하는 단어는 아닐 텐데요, 앞으로 디지털 사회에서는 국가 간, 기업 간의 감시 시스템이 강화될 테니 등장 빈도가 늘어날 것으로 보입니다.

'uniform(유니폼)'은 '하나의' + '형태'

지금부터는 숫자와 관련된 접두사입니다. 먼저 접두사 uni-는 라틴어로 '하나의'라는 뜻입니다. 원래 uno였던 것이 어형 변화로 인해 uni-가 되었습니다. '우노'라는 카드 게임이 있는데 여기에 쓰인 단어가 uno입니다.(손에 가진 카드를 먼저 다 없애는 게임으로 마지막 한 장이 남았을 때 우노라고 외친다.-옮긴이)

unique (독특한)

unique는 'uni-(하나의)'와 'que(것)'가 만나 '하나밖에 없는 것'이 되어 '독특한'이라는 의미가 생겼습니다. 어간 que는 what과 같은 역할로 '무엇', '~것'이라는 뜻입니다.

unite (통합하다)

unite는 'uni-(하나의)'와 'te(~로 만들다)'가 더해져 '통합하다'를 뜻합니다. unite의 과거 분사형 united는 United States of America(아메리카 합중국)라는 표현으로 쓰이죠. '여러 개의 주가 하나로 합쳐진 나라'라는 의미입니다.

union (연합)

union은 'uni-(하나의)'와 'ion(~인 것)'이 결합해 '하나가 된 것'이 되어 '연합'이라는 뜻이 생겼습니다. 뉘앙스는 unite와 비슷하지만 unite는 동사, union은 명사라는 점이 다릅니다.

unit (단위, 유닛)

unit은 'uni-(하나의)'와 'it(단위)'가 합쳐져 '단위, 유닛'을 의미합니다. 여러 설이 있지만, it 부분은 digit(단위)의 어형이 변화한 것입니다.

욕조와 화장실 등이 일체형으로 된 조립식 욕실을 UBR 욕실(unit bathroom)이라고 하는데요, 여기에도 unit이 쓰였습니다.

unicorn (유니콘, 일각수)

unicorn은 'uni-(하나의)'와 'corn(뿔)'이 만나 '유니콘, 일각수'라는 전설상의 동물을 뜻합니다. 참고로 cone은 '원뿔'이라는 뜻입니다. 동물의 뿔은 '원뿔형'이고 공사장 등에서 보이는 붉은색 안전 고깔(traffic cone)도 원뿔형이죠.

uniform (유니폼)

uniform은 'uni-(하나의)'와 'form(형태)'이 합쳐져 '모두 한 가지 모양의 옷을 입는 것'에서 '유니폼'이라는 뜻이 생겼습니다.

unify (통합하다)

unify는 'uni-(하나의)'와 'fy(~로 만들다)'가 결합해 '통합하다'라는 의미를 나타냅니다. unite와 아주 비슷한데요, unite는 '하나가 되어 또 다른 것이 되다'이고, unify는 '붙어 있지만 원래는 제각각'이라는 뉘앙스입니다. 미국은 unite로 표현하고 ASEAN(아세안)은 각국이 독립되어 있지만 통합해서 하나의 조직이 되었기 때문에 unify라고 하죠.

'두 개의' + '바퀴' = 'bicycle(자전거)'

접두사 bi-는 라틴어로 '두 개의'라는 뜻입니다. '두 개의'라는 뉘앙스가 있는 단어에는 대부분 접두사 bi-가 쓰였습니다.

bicycle (자전거)

bicycle은 'bi-(두 개의)'와 'cycle(바퀴)'을 더해 '자전거'를 뜻합니다. 바퀴가 두 개라서 이륜차라고도 하죠. '바이크(bike)'는 bicycle이 축약되어 변화한 형태이므로 자전거라는 뜻도 있습니다. 엔진이 달린 이륜차를 가리키는 영어 단어는 motorcycle 또는 motorbike입니다.

binoculars (쌍안경)

binoculars는 'bi-(두 개의)', 'ocul(눈)', 'ar(~ 같은 것)'이 결합해 '두 개의 눈이 있는 것과 같은 것'이 되어 '쌍안경'이라는 의미가 생겼습니다.

binoculars는 들여다보는 구멍이 두 개라서 보통 복수형으로 표기하는데요, 비슷한 이유로 안경도 복수형인 glasses라고 표기합니다.

참고로 렌즈가 하나뿐인 단안경은 monocle이라고 합니다. 앞에서 설명한 접두사 uni-가 아닌 mono-를 사용하지요.

두 접두사 모두 같은 의미인데 mono-는 그리스어에서 유래한 말로 monotone(모노톤) 등의 표현이 있습니다.

bilingual (2개 국어의)

bilingual은 'bi-(두 개의)'와 'lingu(언어)', 'al(~의)'이 만나 '2개 국어의'라는 의미의 형용사가 되었습니다. '2개 국어를 할 수 있다'라는 뉘앙스도 있습니다.

bifurcation (두 갈래의 분기점)

bifurcation은 'bi-(두 개의)'와 'furcation(나뉘어 갈라진 것)'이 합쳐져 '두 갈래의 분기점'을 뜻합니다. 학계에서 많이 쓰이는 표현인데 일상 회화에서는 그리 자주 사용하지 않습니다. 다만, 갈림길이나 선택의 순간을 나타내는 뉘앙스도 있어서 둘 중 한쪽을 선택해야 하는 상황에서 잘 쓰입니다. 예를 들면 '우리는 지금 갈림길에 서 있다'를 We are on a bifurcation.이라고 합니다.

bisexual (양성의)

bisexual은 'bi-(두 개의)'와 'sexual(성의)'이 결합해 '양성의'라는 의미를 나타냅니다.

최근 미디어에도 자주 등장하는 LGBT는 성적 소수자를 가리키는 총칭입니다.

L은 Lesbian(레즈비언: 여성 동성애자), G는 Gay(게이: 남성 동성애자), B는 Bisexual(바이 섹슈얼: 양성애자), T는 Transgender(트렌스젠더: 몸과 마음의 성별이 일치하지 않는 사람)입니다.

또 최근에는 Questioning(퀘스처닝: 성 정체성을 규정하지 않은 사람)의 Q를 포함해서 LGBTQ라고 하거나 더 많은 뜻을 포함해 LGBTQ +, LGBTs 등으로도 표현합니다.

'세 개의 각도를 가진 도형'은 '삼각형'

접두사 tri-는 라틴어로 '세 개의'라는 뜻입니다. trio라는 단어가 접두사로 바뀌었습니다. 3인조 그룹이나 밴드를 일컫는 '트리오'는 익숙한 표현이죠. trio는 영어 three의 어원이기도 합니다.

tricycle (삼륜차)

tricycle은 'tri-(세 개의)'와 'cycle(바퀴)'이 만나 '삼륜차'를 뜻합니다. bicycle에 바퀴가 하나 더 붙은 거죠.

그럼 '일륜차'는 뭐라고 할까요? 접두사 uni-를 써서 unicycle이라고 하는데 mono-를 붙인 monocycle로도 표현합니다.

trilingual (3개 국어의)

trilingual은 'tri-(세 개의)', 'lingu(언어)', 'al(~의)'이 합쳐져 '3개 국어의'라는 뜻의 형용사가 되었습니다.

'3개 국어를 할 수 있다'는 뉘앙스도 있습니다. 원래 trilingual speaker(3개 국어를 말할 수 있는 사람)라고 했는데 trilingual로 짧게 표현하게 되었죠.

triangle (삼각형)

triangle은 'tri-(세 개의)'와 'angle(각도)'이 결합해 '세 개의 각도를 가진 도형'이 되어

'삼각형'이라는 의미가 생겼습니다.

사각형은 square이고, 오각형부터는 접미사 -gon(뿔)을 붙여 표현합니다. 오각형은 pentagon, 육각형은 hexagon, 칠각형은 heptagon입니다.

미국 국방성 본청 청사는 오각형 모양을 하고 있어 The Pentagon이라 불리죠.

tripod (삼각대)

tripod는 'tri-(세 개의)'와 'pod(다리)'가 합쳐져 '삼각대'를 의미합니다. 참고로 이각대는 bipod, 사각대는 quadripod라고 합니다.

해외에서 'No Tripod'라는 문구를 보게 되는데요, '삼각대 사용 금지'라는 뜻입니다. 삼각대를 써서 기념 촬영하지 않도록 주의하세요.

triple (세 배의)

triple은 'tri-(세 개의)'와 'ple(~배)'이 만나 '세 배의'라는 의미를 나타냅니다. 두 배는 double이라고 하는데요, 마찬가지로 접미사 -ple이 붙습니다.

참고로 접두사 multi-가 붙으면 multiple(복합적인, 다양한)이라는 단어가 됩니다.

tricolor (트리콜로르, 3색의)

tricolor는 'tri-(세 개의)'와 'color(색)'가 합쳐져 '트리콜로르, 3색의'라는 의미입니다.

'삼색기의 나라'라는 의미에서 '프랑스의'라는 뜻으로도 쓰입니다. '트리콜로르'는 프랑스어 발음입니다. 영어 발음은 '트라이 컬러'이니 주의하세요.

'eatable(먹을 수 있는)' = '먹다' + '가능한'

지금부터는 단어의 끝에 붙는 접미사를 알아보겠습니다.

먼저 접미사 -able/-ible인데요, 라틴어로 '가능한'이라는 뜻입니다. be able to의 able 이죠. '할 수 있다'라는 뉘앙스가 있으며 -ible도 같은 의미로 사용합니다. 발음상 -ible로 바뀌었을 뿐 단어에 따라 구별 기준이 있는 것은 아닙니다. -able로 끝나는 단어는 대체로 형용사입니다.

eatable (먹을 수 있는)

eatable은 'eat(먹다)'와 '-able(가능한)'이 만나 '먹을 수 있는'이라는 의미를 나타냅니다. 접미사를 붙이면 '신조어'를 얼마든지 만들 수 있는데요, 실제로 원어민은 다양한 상황에서 신조어를 섞어가며 대화합니다. 우리나라에서도 명사에 동사형 어미를 붙여서 새 단어를 만들거나 단어 앞에 의미 없는 글자를 덧붙여서 강조하는 말을 만들기도 하는데요, 이것 역시 다양한 단어가 만들어지는 하나의 형태가 아닐까 합니다.

capable (유능한)

capable은 'cap(잡다)'과 '-able(가능한)'이 결합해 '유능한'이라는 의미의 형용사가 되었습니다. cap은 capture의 앞부분을 딴 글자입니다. '잡을 수 있다'는 뉘앙스에서 '잡을 수 있는 능력이 있다'가 되었고 이것이 짧아져 '유능한'이라는 뜻이 생겼습니다.

burnable (태울 수 있는)

burnable은 'burn(타다)'과 '-able(가능한)'이 합쳐져 '태울 수 있는'이라는 뜻이 되었습니다. 반대 의미인 '타지 않는다'는 unburnable 또는 non-burnable이라고 하지요. 자주 쓰이는 단어입니다.

visible (눈에 보이는)

visible은 'vis(보다)'와 '-ible(가능한)'이 결합해 '눈에 보이는'이라는 뜻을 나타냅니다. vis는 vision(보이는 것, 시각)의 앞부분에 포함되어 있죠. 참고로 투명 인간은 invisible man입니다.

accessible (다가가기 쉬운)

accessible은 'access(다가가다)'와 '-ible(가능한)'이 합쳐져 '다가가기 쉬운'을 의미합니다.

평소 '액세스'라는 단어를 종종 들을 텐데요, 정확한 뜻을 몰랐다면 이번 기회에 외워두세요. access는 '접근하다, 들어가다, 입장하다, 만나다'라는 뜻입니다.

incredible (믿을 수 없는)

incredible은 'in-(반대의)', 'cred(신용)', '-ible(가능한)'이 더해져 '믿을 수 없는'을 의미합니다. cred는 credit(신용)에서 왔습니다. 신용카드를 credit card라고 하죠. 신용에 따라 일정 금액을 대신 지급해주는 카드를 말합니다.

'덩어리의' + '~하는 성질이 있다' = '거대한'

접미사 -ive는 라틴어 -ivus에서 유래했습니다. 본래는 형용사나 명사에 붙어서 동작이나 상태를 나타내는 말을 만드는 역할을 했는데 영어로 옮겨가면서 '~하는 경향이 있다/~하는 성질이 있다'라는 의미로 쓰이게 되었습니다. -ive로 끝나는 단어는 대체로 형용사 역할을 합니다.

active (활동적인)

active는 'act(활동하다)'와 '-ive(~하는 성질이 있다)'가 만나 '활동적인'을 뜻합니다.

'~적이다'는 어떤 단어에나 붙는 추상적인 표현이라 외국인에게 설명하기가 까다로운데요, 접미사 -ive의 '~하는 경향이 있다/~하는 성질이 있다'라는 뉘앙스에 가깝다고 생각하면 이해하기 쉬울 겁니다.

massive (거대한)

massive는 'mass(덩어리의)'와 '-ive(~하는 성질이 있다)'가 결합해 '거대한'이라는 의미를 나타냅니다. mass는 '매스미디어(mass media)'라는 말에서도 알 수 있듯이 '많은 사람이나 물건이 모여 있다'는 뜻입니다. 여기에 -ive가 붙어 '성질'을 나타냅니다.

effective (효과적인)

effective는 'effect(효과)'와 '-ive(~하는 경향이 있다)'가 만나 '효과적인'을 의미합니다.

반의어는 접미사 in-이 붙은 ineffective입니다.

sportive (스포츠를 좋아하는)

sportive는 'sport(스포츠)'와 '-ive(~하는 경향이 있다)'가 합쳐져 '스포츠를 좋아하는'을 뜻합니다.

sportive와 비슷한 말로는 접미사 -ty가 붙은 sporty도 있습니다. '스포츠에 적합한'이라는 뜻인데 조금 부정적인 뉘앙스인 '옷차림이 화려하다'로 쓰이기도 합니다.

productive (생산적인)

productive는 'product(제품)'와 '-ive(~하는 경향이 있다)'가 만나 '생산적인'을 의미합니다.

product(제품)와 '-ive'를 조합해서는 단어의 의미를 연상하기 어려울지도 모르겠네요. product의 동사형인 produce가 '제조하다, 생산하다, 만들다, 낳다'라는 뜻이므로 이걸 힌트로 삼으면 productive의 의미를 쉽게 파악할 수 있을 겁니다.

참고로 produce는 접두사 'pro-(앞으로)'와 'duce(이끌다)'가 합쳐져 생긴 단어입니다.

제1장
동사

제2장
어원

제3장
접두사·접미사

제4장
키우기 명단어 센스

명사의 어미에 붙여 형용사를 만드는 '-al'

접미사 -al은 라틴어 -alis에서 유래했습니다. 명사의 맨 끝에 붙여 형용사를 만들며 '~의', '~한'이라는 뜻을 나타냅니다. -al이 들어간 단어는 정말 많이 쓰이고 있습니다.

accidental (우연한)

accidental은 'accident(우연)'와 '-al(~의)'이 만나 '우연한'이라는 의미를 나타냅니다. accident에는 '우연' 외에 '사고'라는 뜻도 있지만, accidental에는 '우연한'이라는 뜻뿐입니다.

national (국가의)

national은 'nation(국가)'과 '-al(~의)'이 결합해 '국가의'라는 의미가 됩니다. nation과 같은 의미로 country도 있지요. nation은 역사적 또는 민족적인 관점에서 말하는 '국가'이고, country는 영토나 지리적인 관점에서 본 '국가'라는 미세한 뉘앙스 차이가 있습니다.

actual (실제의)

actual은 'actu(행동, 행위)'와 '-al(~의)'이 합쳐져 '상상이나 미래가 아닌 지금 실제로 존재하는 것'이 되어 '실제의'라는 의미가 생겼습니다.

emotional (감정의)

emotional은 'emotion(감정)'과 '-al(~의)'이 결합해 '감정의'라는 의미를 나타냅니다. emotion은 'e-(밖으로)'와 'motion(움직임)'이 합쳐진 단어입니다. 움직임 중에서도 '감정을 흔들다'라는 뉘앙스가 있습니다.

final (최후의)

final은 'fin(끝)'과 '-al(~의)'이 만나 '최후의'라는 뜻을 나타냅니다. fin은 라틴어 finīre에서 유래했으며 반의어는 initial(최초의)입니다. 파이널, 이니셜 모두 일상에서 그대로 많이 쓰는 단어죠.

general (일반적인)

general은 'gener(전체)'와 '-al(~한)'이 결합해 '일반적인'이라는 의미가 됩니다. 어원이 추상적이기 때문에 '전체적인', '보통의', '많은 사람에게 공통된' 등 다양한 해석이 가능합니다.

전치사 in을 붙여서 in general(보통, 대개)이라는 표현도 많이 씁니다.

eventual (최종적인)

eventual은 'eventu(중요한 사건, 추이)'와 '-al(~한)'이 만나 '언젠가는 (결과적으로) 발생한다'가 되어 '최종적인'이라는 뜻이 생겼습니다. eventu는 event를 말합니다.

제1장
동사

제2장
어원

제3장
접두사·접미사

제4장
키우기 영단어 센스

'careful(주의 깊은)' = '주의' + '~로 가득한'

접미사 -ful은 고대 게르만어 -full에서 유래했습니다. full이라는 영단어도 있는데 '~로 가득한'이라는 뜻입니다. 현대 영어에서는 l이 두 개나 겹치는 것을 좋아하지 않기 때문에 -ful이 되었습니다. 접미사 -ful이 붙으면 대개 형용사가 됩니다. 긍정적인 이미지를 가진 단어가 많다는 특징도 있지요. 반대로 '~이 부족하다'는 뉘앙스의 접미사는 -less입니다. -less에 대해서는 나중에 다시 설명하겠습니다.

beautiful (아름다운)

beautiful은 'beauty(아름다움)'와 '-ful(~로 가득한)'이 결합해 '아름다움으로 가득한 상태'가 되어 '아름다운'이라는 의미를 나타냅니다.

careful (주의 깊은)

careful은 'care(주의)'와 '-ful(~로 가득한)'이 만나 '주의하는 마음을 여러 방향에 두고 있다'가 되어 '주의 깊은'이라는 뜻이 생겼습니다.

powerful (강력한)

powerful은 'power(힘)'와 '-ful(~로 가득한)'이 합쳐져 '힘이 넘쳐흘러 가득 찬 상태'라는 뉘앙스에서 '강력한'을 의미하게 되었습니다. '파워풀하다'는 표현은 일상에서도 많이 쓰고 있죠.

joyful (기뻐하는)

joyful은 'joy(즐거움)'와 '-ful(~로 가득한)'이 더해져 '기뻐하는'을 뜻합니다. happy보다
조금 딱딱한 표현입니다.

helpful (도움이 되는)

helpful은 'help(도움)'와 '-ful(~로 가득한)'이 만나 '도움이 되는'을 의미합니다. 뒤에 전
치사를 붙여 It is helpful for [사람] to ~ ([사람]에게 ~하는 것은 도움이 된다)의 형태로 쓰
는 것이 일반적입니다.

hopeful (희망이 있는)

hopeful은 'hope(희망)'와 '-ful(~로 가득한)'이 결합해 '희망으로 가득한 상태'가 되어 '희
망이 있다'는 의미를 나타냅니다.

be hopeful 뒤에 that 절이나 of ~ing를 붙여서 '희망의 내용'을 표현하기도 합니다.

forgetful (잘 잊어버리는)

forgetful은 'forget(잊다)'과 '-ful(~로 가득한)'이 합쳐져 '잊는 일이 가득하다', '잊는 일
이 많다'를 거쳐 '잘 잊어버리는'이라는 뜻이 되었습니다.

접미사 -ful에서 설명한 단어의 어간은 모두 명사였는데 forgetful처럼 어간이 동사인 단
어도 있습니다.

제1장
동사

제2장
어원

제3장
접두사·접미사

제4장
키우기 영단어 센스

'예술가' + '~적인' = 'artistic(예술적인)'

접미사 -ic는 라틴어 -icus에서 유래했으며 '~적인, ~의 성질인'이라는 의미입니다. 접미사 -ic가 붙으면 대부분 형용사입니다.

artistic (예술적인)

artistic은 'artist(예술가)'와 '-ic(~적인)'가 만나 '예술가적인'이 되어 '예술적인'이라는 뜻을 나타냅니다.

symbolic (상징적인)

symbolic은 'symbol(상징)'과 '-ic(~적인)'가 합쳐져 '상징적인'을 뜻합니다. symbol은 'sym-(함께)'과 '-bol(던지다)'이 결합한 형태로, '함께 던진다'는 뉘앙스에서 출발해 '함께 하나의 방법이나 대상을 확인하다'를 거쳐 '상징'을 뜻하게 되었습니다.

periodic (주기적인)

periodic은 'period(기간)'와 '-ic(~적인)'가 결합해 '주기적인'이라는 의미를 나타냅니다. period의 어원은 '한 바퀴 도는 길'을 의미하며, 무언가 빙글빙글 돌고 있다는 뉘앙스에서 '기간', '시기', '시대' 등의 의미가 파생되었습니다. 문장 끝에 찍는 마침표를 영어로 period 라고 하죠. 참고로 period는 'o' 부분의 발음을 약하게 해서 '피리어드' 하고 앞에 강세를 두고 발음합니다. 반면 periodic은 '피리오딕'으로 강세 위치가 뒤쪽으로 바뀝니다.

제1장
동사

제2장
어원

제3장
접두사·접미사

제4장
영어
키우기
우리
센스

metallic (금속의)

metallic은 'metal(금속)'과 '-ic(~의 성질인)'가 더해져 '금속의'라는 의미를 나타냅니다. 그 외에 '금속 같은 색이나 소리의'라는 뜻도 있습니다. 반짝거리는 색감을 '메탈릭 컬러'라 하고 금속성 짙은 격렬한 느낌의 음악 장르를 '메탈' 또는 '헤비메탈'이라고 하죠.

ironic (아이러니한)

ironic은 'irony(아이러니)'와 '-ic(~적인)'가 만나 '아이러니한'을 뜻합니다. '거짓의, 무지를 가장한'이 irony의 어원으로, '마음속 생각과 다른 말을 한다'는 의미로 쓰입니다.

economic (경제의)

economic은 'economy(경제)'와 '-ic(~적인)'가 합쳐져 '경제의'를 의미합니다. economy는 'eco-(집)'와 'nomy(관리)'를 더한 형태로, '집의 돈을 관리하는 것'에서 '경제'라는 뜻이 파생되었습니다.

titanic (거대한)

titanic은 'titan(거인)'과 '-ic(~적인)'가 결합해 '거대한'이라는 뜻을 나타냅니다. titan은 그리스 신화에 나오는 신족의 이름이자 토성의 위성 이름이기도 합니다. 1912년에 침몰한 영국의 호화 여객선 이름도 '타이태닉호'였는데요, 이처럼 'titan'은 커다란 것을 상징하는 말로 쓰입니다.

어미에 붙으면 학술적인 단어로 바뀌는 '-ical'

접미사 -ical은 앞서 설명한 -ic와 어원이 같아서 의미도 비슷합니다. -ical이 붙은 단어는 학문 분야에서 주로 사용되며 대부분 형용사입니다.

historical (역사에 관한)

historical은 'history(역사)'와 '-ical(~에 관한)'이 만나 '역사에 관한'이라는 뜻이 되었습니다. historical 외에 접미사 -ic가 붙은 historic도 있는데요, historic은 '역사적(으로 유명한)'이라는 뉘앙스이므로 historical을 더 많이 씁니다.

economical (경제적인)

economical은 'economy(경제)'와 '-ical(~에 관한)'이 합쳐져 '경제적인'이라는 의미를 나타냅니다. 절약, 효율 등 '비용'에 초점을 맞춘 단어입니다. 이에 비해 economic(경제의)은 사회 활동으로 발생하는 '경제' 그 자체에 초점을 맞추고 있죠. 혼동해서 쓰일 때가 많은데 미묘한 뉘앙스 차이를 알아두세요.

electrical (전기에 관한)

electrical은 'electric(전기의)'과 '-ical(~에 관한)'이 결합해 '전기에 관한'을 의미합니다. electric과 electrical도 아주 비슷한 단어죠. electric은 '전기 그 자체'이고 electrical은 **'전기를 사용한 장치나 설비에 관한 것'**을 말합니다.

디즈니랜드의 '일렉트리컬 퍼레이드(Electrical Parade)'에서는 형형색색의 화려한 조명이 장식된 이동 차량에 탄 캐릭터들이 펼치는 퍼레이드를 즐길 수 있습니다. 그런데 이걸 '일렉트릭 퍼레이드(Electric Parade)'라고 하면 디즈니 캐릭터들이 피카츄처럼 전기나 번개를 만들면서 하는 위험천만한 퍼레이드가 되어버리지요.

제1장
동사

제2장
어원

제3장
접두사·접미사

제4장
키우기 명단어센스

paradoxical (역설적인)

paradoxical은 'paradox(역설)'와 '-ical(~에 관한)'이 만나 '역설적인'이라는 뜻을 나타냅니다. paradox는 'para-(~와 반대의)'와 '-dox(의견, 정설)'가 결합해 '모순되는 듯한 의견', 다시 말해 '역설'이라는 의미가 되었습니다.

biological (생물학적인)

biological은 'biology(생물)'와 '-ical(~에 관한)'이 합쳐져 '생물학적인'을 뜻합니다. '생물학적 어머니', 즉 혈연관계로 이어진 '생모'를 biological mother라고 합니다.

ecological (생태학적인)

ecological은 'ecology(생태학)'와 '-ical(~상의)'이 결합해 '생태학적인'이라는 의미가 됩니다. ecology는 '자연환경'이라는 뜻으로도 쓰이는데, 흔히 친환경을 '에코'라고 하지요. 단, ecology의 본래 뜻은 '생태학'입니다.

'~하는 것'으로 바꿔주는 '-ment'

접미사 -ment는 라틴어에서 유래했으며 어간을 이루는 단어의 '동작, 결과'를 나타냅니다. -ment가 붙으면 명사가 되는데요, '~하는 것'으로도 표현 가능한 점이 특징입니다.

argument (논쟁)

argument는 'argue(논쟁하다)'와 '-ment(동작)'가 합쳐져 '논쟁'을 뜻합니다. '논쟁하는 것'으로도 표현 가능합니다. argue는 라틴어 argutari(공언하다)에서 유래했습니다.

비슷한 의미로 discuss라는 단어가 있는데요, argue가 더 강한 느낌의 단어입니다. argue에는 상대의 의견을 듣지 않고 일방적으로 주장한다는 뉘앙스가 있습니다.

astonishment (놀람)

astonishment는 'astonish(놀라게 하다)'와 '-ment(동작)'가 만나 '놀람'을 의미합니다. '놀라는 것'이라는 표현도 가능합니다.

astonish는 'as-(강조)'와 'ton(천둥이 치다)', '-ish(~하다)'가 합쳐진 형태로, '큰 천둥소리가 울려 퍼지다'에서 '놀라게 하다'라는 의미가 생겼습니다.

비슷한 뜻으로 surprise도 있는데요, astonish가 '경탄할 정도로 놀라게 한다'는 뉘앙스가 담겨 더 강한 표현입니다.

development (발전)

development는 'develop(발전하다)'과 '-ment(동작)'가 결합해 '발전'이라는 뜻을 나타내며 '발전하는 것'으로도 표현합니다. develop은 라틴어에서 유래한 단어로, 본래는 '사진을 현상하는 과정'을 뜻했습니다. 이것이 '필름을 현상해서 사진이 선명하게 보이다', '점점 명확해지다'가 되어 '발전하다'라는 뜻이 되었습니다.

amusement (즐거움)

amusement는 'amuse(즐겁게 하다)'와 '-ment(동작)'의 조합으로 '즐거움'이라는 뜻입니다. '즐기는 것'이라고 표현해도 좋습니다. 같은 의미의 단어로 entertain이 있는데요, amuse는 '오락'이라는 뉘앙스가 강해서 지루함을 달래는 것을 통틀어 가리키고, entertain은 '대본이나 장치가 준비된 것'을 즐긴다는 차이가 있습니다.

contentment (만족)

contentment는 'content(만족하다)'와 '-ment(동작)'가 결합해 '만족'을 의미합니다. '만족하는 것'이라는 표현도 가능합니다. content는 '내용물'이라는 의미로 많이 알고 있을 텐데요, '만족하다'라는 뜻으로도 자주 사용합니다. 단, contentment에는 '만족'이라는 뜻밖에 없습니다.

disappointment (실망)

disappointment는 'disappoint(실망시키다)'와 '-ment(동작)'가 합쳐져 '실망'이라는 의미를 나타냅니다. '실망하는 것'으로도 표현 가능합니다. disappoint의 반의어는 satisfy(만족시키다)입니다.

'명성' + '~이 풍부한' = 'famous(유명한)'

접미사 -ous는 라틴어에서 유래했으며 '~이 풍부한', '~이 있다'라는 뜻입니다. -ous가 붙어 있으면 대부분 형용사입니다.

anxious (걱정하는)

anxious는 'anxi(걱정)'와 '-ous(~이 풍부한)'가 합쳐져 '걱정스러운 마음으로 가득하다'가 되어 '걱정하는'을 뜻합니다.

'걱정하다'라는 단어로 worry를 많이 알고 있을 텐데요. anxious는 '앞날이 불투명한 막연한 걱정'을 가리켜 '감정'에 초점이 맞춰져 있고, worry는 '직면한 문제나 상황을 걱정하는' 것을 가리키므로 '사건'에 초점이 맞춰져 있다는 차이가 있습니다.

advantageous (유리한)

advantageous는 'advantage(유리함)'와 '-ous(~이 풍부한)'가 만나 '유리한 것이 많다'가 되어 '유리한'이라는 뜻을 나타냅니다.

dangerous (위험한)

dangerous는 'danger(위험)'와 '-ous(~이 풍부한)'가 결합해 '위험한 것이 가득하다'에서 '위험한'이라는 뜻이 생겼습니다.

'위험'이라는 단어로 risk와 hazard도 있지요. risk는 '스스로 짊어진 위험', hazard는

'인간의 힘으로는 어찌할 수 없는 불가피한 위험'을 말합니다. 자연재해가 많은 일본에서는 재해 관련 정보를 담은 '해저드 맵'이라는 단어를 일상에서 많이 쓰고 있습니다. 또 자동차 비상등은 해저드 램프라고 하니 함께 알아두세요.

참고로 danger는 일반적인 '위험'이라는 뉘앙스로 널리 쓰입니다.

famous (유명한)

famous는 'fame(명성)'과 '-ous(~이 풍부한)'가 합쳐져 '명성이 많다'가 되어 '유명한'이라는 의미를 나타냅니다. fame의 어원은 라틴어로 '소문, 평판'이라는 뜻인데요, 여기에서 '소문날 정도로 화제'라는 뉘앙스가 생겼습니다.

luminous (빛나는)

luminous는 'lumin(빛)'과 '-ous(~이 풍부한)'가 만나 '광택이 많다'가 되어 '빛나는'을 의미하게 되었습니다.

어원 부분은 라틴어에서 유래했으며 빛과 관련된 단어에 많이 쓰입니다. lux(럭스)나 lumen(루멘)은 빛의 밝기를 나타내는 단위이며, Lucy(루시)라는 여자 이름은 '빛나는 아이'라는 의미입니다. illustration(삽화)도 '문장을 알기 쉽게 하다', '문장을 비추다'라는 어원에서 왔습니다.

infectious (전염성의)

infectious는 'infect(감염되다)'와 '-ous(~이 풍부한)'가 결합해 '전염성의'라는 의미를 나타냅니다. infect의 어원은 라틴어로 '체내에서 증식하는 것'이라는 뜻입니다. 여기에서 '감염성의'라는 의미가 파생되었습니다.

'ownership(소유권)' = '소유자' + '권리'

접미사 -ship은 '권리/힘/관계성'을 나타내는 말입니다. 그래서 힘이나 권력의 '유무'가 존재한다는 것을 전제로 합니다. 접미사 -ship이 붙는 단어는 대부분 명사입니다.

citizenship (시민권)

citizenship은 'citizen(시민)'과 '-ship(권리)'이 더해져 '그 나라 국적을 가진 국민·시민으로서의 권리'가 되어 '시민권'을 의미합니다.

citizen은 city에서 파생된 단어로 반의어는 alien(외국인)입니다.

ownership (소유권)

ownership은 'owner(소유자)'와 '-ship(권리)'이 결합해 '소유권'을 뜻합니다. owner는 'own(소유하다)'과 '-er(~하는 사람)'을 합쳐 '소유자'라는 의미를 나타냅니다.

membership (회원)

membership은 'member(회원)'와 '-ship(권리)'이 만나 '회원'이라는 의미를 나타냅니다. member도 '회원'을 뜻하는데 뉘앙스가 조금 다릅니다. member는 단순히 그룹이나 모임의 일원이라는 뉘앙스인데 membership은 회비를 내고 '회원이 될 권리를 가진 사람'이라는 뉘앙스입니다.

말하자면 '권리의 유무'를 명확하게 구별하는 단어가 membership입니다.

leadership (지도력)

leadership은 'leader(지도자)'와 '-ship(힘)'이 합쳐져 '지도력'을 의미합니다.

자칫 leader와 leadership을 같은 의미로 생각하기 쉬운데요, leader는 지도하는 '사람'을 말하고 leadership은 -ship이 붙어 있는 데서 알 수 있듯이 '힘'이나 '기술/능력'을 나타낸다는 차이가 있습니다.

fellowship (유대감)

fellowship은 'fellow(동료)'와 '-ship(관계성)'이 만나 '유대감'이라는 뜻을 나타냅니다. '힘의 균형 관계(관계성)로 볼 때 모두 평등한 동료'라는 뉘앙스가 포함되어 있습니다.

partnership (제휴)

partnership은 'partner(동료)'와 '-ship(관계성)'이 결합해 '제휴'라는 뜻이 됩니다.

partner는 fellow와 같은 뜻이지만 '업무상 동료'를 말합니다. '서로가 부분(part)을 담당하며 동등한 관계에 있는 동료'라는 뉘앙스에서 '제휴'라는 의미가 생겼습니다.

제1장
동사

제2장
어원

제3장
접두사·접미사

제4장
키우기 영단어 센스

어미에 붙여 신조어를 만들 수 있는 '-ish'

접미사 -ish는 '~이 두드러진/~스러운'을 의미하는 말로, -ish가 붙는 단어는 기본적으로 형용사입니다.

다양한 단어에 붙일 수 있을 뿐만 아니라 apple-ish(사과 같은 맛)처럼 명사에 붙여서 신조어를 만들 수도 있습니다. 따라서 단어마다 유연하게 의미를 달리 생각해야 합니다.

selfish (이기적인)

selfish는 'self(자신)'와 '-ish(~이 두드러진)'가 만나 '자신의 주장이 두드러진'이 되어 '이기적인'을 뜻합니다.

bookish (독서를 좋아하는)

bookish는 'book(책)'과 '-ish(~이 두드러진)'가 결합해 '책 읽는 것이 두드러진'이 되어 '독서를 좋아하는'이라는 뜻이 생겼습니다.

bookish는 단어장에 잘 실려 있지 않은데요, 일상 회화에서는 종종 들을 수 있습니다.

snobbish (속물적인)

snobbish는 'snob(속물)'과 '-ish(~이 두드러진)'가 합쳐져 '속물적인'이라는 뜻입니다. snob의 뉘앙스를 이해하기 쉽지 않을 텐데요, '지위나 돈이 최고라고 생각하며 자신보다 높은 자리에 있는 사람에게는 굽신거리고 아랫사람은 깔보는 태도를 취하는 사람'을 가리킵니다. 이런 snob의 성격이 두드러진 사람을 가리켜 snobbish라고 합니다.

boyish (소년 같은)

boyish는 'boy(소년)'와 '-ish(~스러운)'가 결합해 '소년 같은'이라는 의미를 나타냅니다. '보이시한 옷차림' 등으로 많이 표현하지요. 마찬가지로 girlish는 '소녀 같은'이라는 뜻입니다.

childish (어린애 같은)

childish는 'child(아이)'와 '-ish(~스러운)'가 만나 '어린애 같은'이라는 뜻이 됩니다. boyish와 같은 맥락의 단어 조합입니다.

childish를 어른에게 사용하면 조금 비꼬는 뉘앙스가 들어가니 주의해야 합니다. 그런 느낌 없이 순수하게 '아이 같다'고 말하고 싶을 때는 childlike를 써보세요.

childish의 발음은 '차일디쉬'인데, 영국에서는 '칠디쉬'라고 하기도 합니다.

feverish (열이 나는)

feverish는 'fever(열)'와 '-ish(~스러운)'가 합쳐져 '확실하게 열이 나진 않지만 몸이 조금 뜨거워지다'가 되어 '열이 나는'이라는 의미가 생겼습니다.

fever에는 '격한 흥분', '열광'이라는 의미도 있습니다. 그래서 feverish를 '흥분한'이라는 뜻으로 사용하기도 합니다. '피버타임'이라는 표현도 쓰는데요, fever의 '격한 흥분'이나 '열광'이라는 의미에서 생긴 말입니다.

제1장
동사

제2장
어원

제3장
접두사·접미사

제4장
키우기 영단어 센스

'-less'는 '적다'가 아니라 '~이 없다'

접미사 -less는 '~이 없다/~하지 않다'라는 의미이며 부정적인 뜻을 나타내기도 합니다.

-less도 무한대로 단어를 만들 수 있는 접미사입니다. less는 little의 비교급이지만 '더 적

다'가 아니라 '~이 없다/~하지 않다'라는 뉘앙스라는 점에 유의하세요. -less가 붙는 단어는

기본적으로 형용사입니다.

endless (끝없는)

endless는 'end(끝)'와 '-less(~이 없다)'가 결합해 '끝없는'을 뜻합니다. '끝없다'는 것은

'영원히 계속된다'는 말이니 유의어로 eternal이나 everlasting을 쓸 수 있습니다.

needless (불필요한)

needless는 'need(필요한)'와 '-less(~이 없다)'가 만나 '불필요한'이라는 의미를 나타냅

니다. '필요 없다'는 '쓸데없는 것'이라는 말이므로 waste(쓸모없는) 등을 유의어로 쓸 수 있

습니다.

일상 회화에서 자주 쓰이는 숙어 표현으로는 needless to say(말할 필요도 없이)가 있습

니다.

careless (부주의한)

careless는 'care(주의)'와 '-less(~이 없다)'가 결합해 '부주의한'이라는 뜻이 됩니다.

'부주의한'보다는 조금 더 일상적인 표현인 '덜렁대는', '깜빡하는', '신경 쓰지 않는' 등의 이미지를 떠올리면 뉘앙스가 잘 느껴질 것입니다.

제1장
동사

제2장
어원

제3장
접두사·접미사

제4장
키우기
영단어
센스

useless (사용할 수 없는)

useless는 'use(사용하다)'와 '-less(~하지 않다)'가 만나 '사용할 수 없는'이라는 뜻이 됩니다. 이외에 '쓸데없는', '도움이 되지 않는', '서투른' 등 폭넓은 의미로 useless를 활용할 수 있습니다. useless의 반의어는 useful(쓸모 있는)입니다.

useless는 발음에 주의해야 해요.

use는 동사일 때 '유즈'라고 발음하고 명사일 때는 '유스'라고 발음합니다. useless는 '유스리스', useful도 '유스풀'로 발음합니다.

countless (무수히 많은)

countless는 'count(세다)'와 '-less(~하지 않다)'가 합쳐져 '셀 수 없을 정도로 많은'이 되어 '무수히 많은'을 뜻합니다. 반대로 '셀 수 있다'는 의미의 단어는 접미사 -able을 써서 countable이라고 표현합니다.

doubtless (의심할 여지가 없는)

doubtless는 'doubt(의심하다)'와 '-less(~하지 않다)'가 만나 '의심할 여지가 없는'이라는 의미를 나타냅니다.

어원인 doubt는 라틴어 dubitare에서 유래했으며 '둘 중 하나를 골라야 한다'는 의미에서 '의심하다'라는 뜻이 파생되었습니다.

또 doubt는 b를 발음하지 않으니 철자를 헷갈리지 않도록 주의하세요.

사람에 따라 기준이 바뀌는 추상명사 '-ness'

접미사 -ness는 어간인 단어를 명사로 만들어주는 역할을 하기 때문에 정해진 해석은 없습니다. 핵심은 -ness가 붙으면 '**추상명사**'가 된다는 점인데요, 추상명사란 '사람에 따라 기준이 다른 것'을 말합니다.

-ness도 무한하게 단어를 만들 수 있는 접미사입니다. 문법적으로는 맞지 않지만 원어민은 interesting에 -ness를 붙인 'interestingness(흥미로움)'라는 단어를 자주 씁니다.

sweetness (달콤함)

sweetness는 'sweet(달콤하다)'와 '-ness(명사형 접미사)'가 만나 '달콤함'이라는 뜻을 나타냅니다. -ness가 붙어도 어간의 의미는 바뀌지 않는데요, sweet만 쓰면 단순히 '달콤하다'라는 뉘앙스인 데 비해 sweetness라고 하면 '**사람에 따라 느끼는 달콤함의 정도가 다르다**'는 뉘앙스가 된다는 점이 포인트입니다.

brightness (밝음)

brightness는 'bright(밝다)'와 '-ness(명사형 접미사)'가 결합해 '밝음'을 뜻합니다. 여기에도 '**밝다고 느끼는 정도는 사람에 따라 다르다**'는 뉘앙스가 들어 있습니다. '빛의 밝기'라는 의미 외에 '색의 선명함'이라는 의미로도 쓰입니다.

easiness (용이함)

easiness는 'easy(간단한)'와 '-ness(명사형 접미사)'의 조합으로 '용이함'이라는 뜻이 됩니다. **'(가령 수학 문제가 있다면) 쉽다는 사람도 있고 어렵다는 사람도 있어서, 사람마다 느끼는 난이도가 다르다'**는 뉘앙스입니다.

tenderness (친절)

tenderness는 'tender(친절한)'와 '-ness(명사형 접미사)'가 합쳐져 '친절'을 뜻합니다. **'(어떤 사람에 대해) 친절하다고 느끼는 사람도 있고 친절하지 않다고 느끼는 사람도 있다'**는 뉘앙스입니다.

tender는 '친절한' 외에 '부드러운'이라는 뜻으로도 사용합니다. soft와 같은 뜻이지만 tender는 '감정적인' 부드러움, soft는 '촉감적인' 부드러움을 나타낼 때가 많습니다. 단, 명확하게 구별되어 있지는 않으니 상황에 따라 유연하게 사용해야겠죠?

carefulness (조심성)

carefulness는 'care(주의)', '-ful(~로 가득한)', '-ness(명사형 접미사)'가 결합해 '조심성'이 되었습니다. 두 개의 접미사가 붙은 단어로, '조심성의 정도는 사람에 따라 다르다'는 뉘앙스입니다.

closeness (친밀함)

closeness는 'close(친밀한)'와 '-ness(명사형 접미사)'가 합쳐져 '친밀함'을 뜻합니다. '친밀한 정도는 사람에 따라 다르다'는 뉘앙스가 있습니다.

'-ee'는 '수동태'인 '~당하다'의 느낌을 나타낸다

접미사 -ee는 '~당하는 사람'이라는 의미를 나타냅니다. 접미사 -ee가 붙으면 명사가 되며 -ee에 강세가 오는 것이 특징입니다.

　-ee의 포인트는 수동태가 된다는 것인데요, '~당하는 사람'의 반대인 '~하는 사람'을 표현할 때는 -er을 붙여 player(연주하는 사람), singer(노래하는 사람)와 같이 나타냅니다.

employee (종업원)

　employee는 'employ(고용하다)'와 '-ee(~당하는 사람)'가 더해져 '고용되는 사람'이 되면서 '종업원'이라는 뜻이 생겼습니다. 고용하는 사람(고용자)은 employer입니다.

　employ는 라틴어에서 유래했는데요, 'em-(안으로)'과 'ploy(결부시키다)'를 더해 '업무 안으로 결부시키다'가 되어 '고용하다'라는 의미가 되었습니다.

returnee (귀국 학생)

　returnee는 'return(돌아오다)'과 '-ee(~당하는 사람)'가 합쳐져 '귀국하게 된 사람'이 되어 '귀국 학생'을 뜻합니다.

　return에 접미사 -er이 붙은 returner라는 단어도 있는데요, returnee가 수동태인 데 비해 returner는 '자신의 의지로 돌아오는 사람'이라는 뉘앙스에서 '(육아휴직 등에서) 직장으로 복귀한 사람'을 의미합니다.

committee (위원회)

committee는 'commit(위임하다, 맡기다)'와 '-ee(~당하는 사람)'가 만나 '임무를 위임 받은 사람'이 되어 '위원회'를 의미합니다. commit에는 '약속하다' 외에도 '위임하다, 맡기 다'라는 뜻도 있습니다.

접미사 -er을 붙인 committer(위임자)라는 단어도 있는데 일상 회화에서는 잘 쓰지 않습 니다.

trainee (연수생)

trainee는 'train(훈련하다)'과 '-ee(~당하는 사람)'가 결합해 '훈련을 받는 사람'이 되어 '연수생'이라는 뜻이 생겼습니다. 접미사 -er을 붙인 'trainer'라는 단어도 있는데요, 일상에 서 많이 쓰는 친숙한 단어죠.

train의 어원은 '끌어당기는 물건 또는 일'이라는 뜻입니다. '끌어당기는 물건'에서 '기차' 라는 뜻이 생겼고 '끌어당기는 일'에서는 '훈련하다'라는 의미가 파생되었습니다. 참고로 두 꺼운 운동복 같은 것을 '트레이너'라고 하기도 하는데요, 원어민에게는 통하지 않습니다. 영 어로는 sweatshirt(스웨트 셔츠)라고 합니다.

interviewee (인터뷰 대상자)

interviewee는 'interview(인터뷰, 면접)'와 '-ee(~당하는 사람)'이 합쳐져 '인터뷰 대상 자'라는 뜻이 되었습니다. 접미사 -er을 붙인 interviewer(인터뷰하는 사람)는 비교적 많이 쓰는 표현이죠.

제 4 장

영단어
센스
키우기

원어민의 '어감' 이해하기

 원어민처럼 자연스럽게 단어를 쓸 수 있다

마지막 장에서는 영어 '센스'를 높여줄 영단어를 알려드리겠습니다. 크게 다음 세 가지로 나눕니다.

1. 단어를 조합해서 신조어 만들기

2. 문화적 배경이 짙게 반영된 단어

3. 틀리기 쉬운 단어

첫 번째는 **'단어를 조합해서 신조어 만들기'**입니다. 원어민은 일상 회화에서 '접두사', '접미사' 이외의 다른 단어를 추가해 신조어를 만들어 단어의 의미를 계속 확장시킵니다. 이와 같은 단어 조합법을 익히면 원어민처럼 즉석에서 단어를 만들 수 있습니다.

두 번째로 **'문화적 배경이 짙게 반영된 단어'**란 원어민이 단어의 울림에서 감각적으로 의미를 느끼고 이해하는 것을 가리킵니다. '문화적 배경'을 모르고 사용하면 상대에게 잘못된 의미로 전달될 수 있어 주의가 필요한 단어입니다.

세 번째는 **'틀리기 쉬운 단어'**의 대표적인 예로 '숍'과 '스토어' 등 정확한 구별 없이 쓰이는 영어 단어들입니다. 비슷한 의미로 사용하고 있지만 영어로는 전혀 다른 의미를 나타내죠.

그림 4-1　안내도

단어를 조합해서 신조어 만들기

1 by		**4** measures	
2 ex-		**5** proof	
3 -in-law		**6** ware	

문화적 배경이 짙게 반영된 단어

1 외국인의 성		**6** 불사신	
2 대모음 추이		**7** 외계인	
3 벼락		**8** 지중해	
4 가을		**9** 잉글랜드	
5 색다른 의미의 단어			

틀리기 쉬운 단어

1 일		**6** 입다/입고 있다	
2 가게		**7** 결혼하다	
3 타다		**8** 연습하다	
4 앉다		**9** 지키다	
5 알다/알고 있다		**10** 다치다	

원어민이 신조어를 만들 때 자주 쓰는 'by'

원어민은 신조어를 만들 때 by를 많이 씁니다. by 활용법을 잘 익혀서 자유자재로 단어를 만들게 되면 원어민과의 대화가 훨씬 원활해질 겁니다.

학교에서는 by를 전치사 '~에 의해'라는 뜻으로 배울 텐데요, '~의 옆'이라는 의미로 쓰일 때가 아주 많습니다. '바로 옆', '붙어 있다'는 뉘앙스지요. 비슷한 표현으로 near가 있는데 '바로 옆'보다는 '비교적 가깝다'는 뉘앙스여서 by보다 거리감이 있습니다.

bypass (우회로)

bypass는 'by(~의 옆)'와 'pass(길)'가 만나 '우회로'를 뜻하게 되었습니다. 기존 도로의 바로 옆에 샛길처럼 나 있어서 싱싱 달릴 수 있는 간선도로를 말합니다.

bypass는 by와 pass를 하이픈으로 연결해 by-pass라고도 표기합니다. 특별히 정해진 규칙은 없으니 둘 다 사용해도 문제없습니다.

bystander (방청인)

bystander는 'by(~의 옆)'와 'stander(서 있는 사람)'가 결합해 '방청인'이라는 뜻을 나타냅니다. 조금 전문적인 단어인데요, '재판이나 강연회 바로 옆에서 듣고 있는 사람'이라는 뉘앙스입니다.

'사건 현장에 그저 함께 있었던 사람'이라는 뉘앙스로 '구경꾼'이라는 뜻도 있습니다.

비슷한 표현으로 audience(관객, 청중)도 있는데, 능동적으로 참여할 때 쓰는 단어입니다.

예를 들면 연극이나 음악 같은 엔터테인먼트 분야에서 쓰이죠.

이에 비해 bystander는 '별로 관련이 없는 일에 함께하고 있다'는 뉘앙스입니다. 재판에서는 '방청인', 강연회에서는 '참가자'라는 의미가 적절합니다.

by-election (보궐선거)

by-election은 'by-(바로 옆의)'와 'election(선거)'이 더해져 '보궐선거'를 뜻합니다. by와 election 사이에는 하이픈이 들어갑니다. 여기에서는 by가 '중심이 아닌 보조적인'이라는 뉘앙스로 쓰였습니다. 시사 영어에서 자주 등장하는 단어입니다.

by-product (부산물)

by-product는 'by-(바로 옆의)'와 'product(제품)'가 만나 '부산물'이라는 의미를 나타냅니다. 대체로 by와 product 사이에 하이픈을 넣는데, 없어도 무방합니다.

여기에서 by는 '부차적인'이라는 뜻이며 **주력 제품이 있고 그 재료를 사용해서 부차적으로 만들어진 제품'**이라는 뉘앙스로 쓰입니다.

단어 앞에 붙여 '이전'을 나타낸다

ex-는 하이픈을 넣어 표기합니다. 하이픈을 붙이지 않으면 제3장에서 설명한 접두사 ex가 되어버려 '밖으로'라는 뉘앙스로 바뀌기 때문입니다.

ex-의 의미는 '전~'입니다. ex-만 붙이면 얼마든지 단어를 만들 수 있습니다.

ex-president (전직 대통령)

ex-president는 'ex-(이전의)'와 'president(대통령)'가 결합해 '전직 대통령'을 뜻합니다. former president라고도 표현합니다.

ex-girlfriend (전 여자친구)

ex-girlfriend는 'ex-(예전)'와 'girlfriend(여자친구)'가 만나 '전 여자친구'라는 의미를 나타냅니다. ex-boyfriend는 '전 남자친구'가 되겠죠.

참고로 girlfriend는 강세의 위치에 따라서 뉘앙스가 달라집니다. '걸프렌드'처럼 girl에 강세가 오면 girl이 강조되므로 연인을 뜻하고 '걸프렌드'처럼 friend에 강세가 오면 friend가 강조되어 '여성 친구'를 가리킵니다.

'제 아버지는 예전에 교사였습니다.'라고 말할 때는 My father was a teacher. 혹은 My father is ex-teacher.라고 해도 뜻이 통합니다. 다만 ex-를 사용할 때는 be 동사를 현재형으로 써야 합니다. 과거형으로 쓰면 '돌아가신 아버지는 교사였다'라는 뜻이 됩니다.

일상 회화에서도 쓸 수 있는 법률 용어 '-in-law'

-in-law는 어미에 붙여서 사용하는데 여기에도 하이픈이 필요합니다. '인척 관계의'라는 의미로, law가 '법률'이므로 직역하면 '법률상의', '법률 내에서'입니다.

father-in-law (장인, 시아버지)

father-in-law는 'father(아버지)'와 '-in-law(인척 관계의)'가 만나 '장인, 시아버지'를 의미합니다. 앞부분을 바꾸면 어디에든 활용 가능합니다. 이를테면 '장모, 시어머니'는 mother-in-law이고 '며느리'는 daughter-in-law입니다.

~ -in-law가 정식 표현이지만 회화에서는 step을 써서 step father라고도 합니다. 여러 가지 설이 있는데, 여기에서 step은 '피를 뛰어넘었다'는 뉘앙스로 쓰였습니다.

어미에 붙이면 '~대책'이 된다

measures도 숙어 표현으로 많이 쓰이는 단어인데요, '~대책'이라는 의미입니다.

발음할 때는 'ea' 부분을 'ㅐ'보다는 'ㅔ'에 가까운 느낌이라고 생각하세요. measures는 기본적으로 복수형으로 사용합니다. '대책'은 하나만 존재하지 않기 때문이죠.

measure는 '측정하다, 측량하다'의 의미도 있는데 measure의 어원은 본래 프랑스어인 manière(마니에르)로, '수단'이라는 뜻이었습니다. 이것이 영어로 파생되면서 measure도 '수단'이라는 의미로 쓰이고 있지요. '측정하다, 측량하다'라는 의미도 '면적 등을 구하는 수단'이라는 뉘앙스에서 파생되었기 때문에 measure의 기본 의미는 '수단'입니다.

safety measures (안전 조치)

safety measures는 'safety(안전)'와 'measures(~대책)'가 만나 '안전 조치'를 뜻합니다. '안전을 보장하기 위한 수단'이라는 뉘앙스입니다. 이외에 temporary measures는 '비상조치'를 의미하는데요, temporary는 '일시적인, 임시의'라는 뜻입니다. strong measures라고 하면 '강력한 조치'가 됩니다.

'해결책'이라는 단어는 solution인데요, 딱딱한 문서에는 굳이 solution measures라고 표기하기도 합니다. 물론 일상 회화에서는 solution만 써도 충분히 뜻이 통합니다.

가령 '방위 대책'이라는 말은 defense measures로 표현하면 되겠지요. 사전에 실려 있는지는 모르겠지만 원어민은 그렇게 씁니다.

제1장
동사

제2장
어원

제3장
접두사·접미사

제4장
키우기 영단어 센스

'증명'에서 '내구력 있는'으로 파생한 'proof'

proof는 다른 단어와 붙어서 한 단어가 되는 유형입니다. '방~'라는 의미로 쓰이죠. proof는 원래 '증거'나 '증명'을 뜻하는 단어인데요, 어떻게 '방~'라는 뜻이 생겼을까요? 어떤 제품의 기능 테스트를 해서 '설명한 대로 성능을 가지고 있다, 사실이다'라고 증명이 된 것이라는 뉘앙스입니다. 여기에서 proof는 '내구력이 있는', '견딜 수 있는'이라는 의미의 형용사가 되었습니다.

waterproof (방수)

waterproof는 '방수'라는 뜻입니다. 화장품이나 자외선 차단제에 '워터 프루프'라는 표현을 그대로 쓰고 있어서 아주 친숙한 단어죠. 이외에 fireproof는 '방화', soundproof는 '방음'이라는 의미이고 soundproof room은 '방음실'입니다.

또 bulletproof jacket은 '방탄조끼'라는 의미인데요, bullet을 '발릿'으로 발음하기도 하지만 정식 발음은 '불릿'입니다. bullet은 '탄환'을 뜻하는데요, 본래는 '매우 빠르다'라는 뉘앙스가 있는 단어였습니다. 그래서 bullet train이라고 하면 '매우 빠른 열차'라는 뉘앙스에서 '특급열차'를 의미합니다.

참고로 방탄조끼의 '조끼'를 영어로는 jacket이라고 합니다. 조끼는 일본어에서 온 표현이에요. 요즘 조끼라는 말을 들을 기회가 거의 없는데 흥미롭게도 '방탄조끼'라는 표현은 남아 있네요.

어미에 붙이면 '~제품'이 되는 'ware'

ware는 다른 단어와 붙어서 한 단어가 되는 유형입니다. '제품'이라는 의미이며 '입다'라는 뜻의 wear와 발음이 똑같으니 주의하세요. 이와 같은 동음이의어로는 '읽다'의 과거형 read(레드)와 '빨강'을 의미하는 red(레드) 등이 있습니다.

　ware는 본래 도자기류를 뜻하는 말입니다. 영어로 ceramic ware죠. 일상에서도 '세라믹'이라는 말을 많이 쓰는데, 흙을 반죽하고 굳혀서 구운 것을 말하니 도자기를 가리키죠.

　이것이 어떻게 '~제품'이라는 뜻을 가지게 되었을까요? 예로부터 도자기는 밥이나 반찬을 담는 식기로 쓰였기 때문에 일상에서 자주 사용해 '용품'이라는 뜻도 가지게 되었습니다. 지금도 '용품'이라는 의미로 쓰이는 예가 있습니다. 예컨대 kitchenware는 '주방용품'이고 toiletware는 '화장실용품'이라는 뜻으로 사용합니다.

　또 노점상이 도자기에 채소를 담아서 쭉 늘어놓고 I have many wares. (상품이 많이 있어요!)라고 손님을 불러 모아 장사를 했다고 하는데요, 이때부터 ware가 '상품'이라는 뜻으로 쓰였습니다. 여기까지가 ware라는 단어의 변천사입니다.

　현대 영어에서는 ware의 뜻이 파생되어 '제품'이라는 의미로 쓰이고 있는데요, 물론 지금도 노점에서 팔리는 '상품'을 가리키기도 하지만 자주 쓰는 표현은 아닙니다.

　'상품'에 해당하는 단어는 item이나 goods가 있는데 뉘앙스가 각각 다릅니다.

　ware는 앞에서 설명한 대로 '노점 등에서 바깥에 내어놓은 상품'이라는 뉘앙스이고, item은 '취급 상품'이라는 뉘앙스로 쓰입니다. 재고 여부와 상관없이 판매 가능한 상품을 가리킵니다. 반면 goods는 '소매점에서 판매하는 상품'이라는 뉘앙스인데요, 우리가 가게에서 흔히 볼 수 있는 상품을 goods라고 표현할 수 있습니다. 참고로 '도매 상품'은 merchandise 라고 합니다.

설명이 조금 길어졌는데요, ~ware 형태로 '~제품'이라는 의미를 나타내는 단어를 몇 가지 소개하겠습니다. 이것도 사전에 실려 있는지와 상관없이 얼마든지 만들어낼 수 있는 단어입니다. 자꾸자꾸 새 단어를 만들어보세요!

tableware (식탁용 식기)

tableware는 '식탁용 식기'라는 뜻입니다. 식기에는 도자기가 많아서 옛날에 썼던 ware 의 뉘앙스가 그대로 잘 드러나는 단어입니다.

이 밖에 glassware는 '유리 제품', ironware는 '철 제품'입니다. goldware는 '금 제품', silverware는 '은 제품', copperware는 '구리 제품'입니다.

참고로 warehouse는 '상품을 넣어둔 방'이라는 뉘앙스에서 '창고'를 뜻합니다.

제가 통역 일을 할 때도 여기에서 소개한 여섯 개의 단어는 정말 도움이 되었습니다. 통역에서는 일일이 '이 단어가 무슨 뜻이더라…?' 하고 생각할 시간이 전혀 없습니다. 통역사는 사전에 나와 있는 단어뿐만 아니라 그 자리에서 단어들을 활용해 순식간에 단어를 만들어버리죠. 상대방이 의미를 확실하게 이해할 수 있다면 전혀 문제가 되지 않습니다.

왜 '스미스'라는 성이 많을까?

지금부터는 문화적 배경이 짙게 반영된 영단어를 설명하겠습니다. 먼저 이름 앞에 붙는 성에 대해 알아볼까요?

외국에는 Smith(스미스)라는 성이 참 많습니다. 한국으로 따지면 김, 이, 박 정도 되겠죠. 영어 교과서 예문에도 Mr. Smith teaches English. (스미스 선생님은 영어를 가르치고 있습니다.)처럼 스미스 씨가 정말 많이 등장합니다.

Smith라는 성은 smite라는 단어에서 유래했습니다. 조금 오래된 단어인데요, '강하게 치다', '공격하다'라는 뜻입니다.

예를 들면 The hero's powerful strike smote the enemy. (히어로의 강력한 일격은 적을 무너뜨렸다.)처럼 쓸 수 있죠. smite에 포함된 '강하게 치다'라는 뉘앙스가 파생되어 Smith라는 성이 되었습니다.

Blacksmith (대장장이)

Blacksmith를 직역하면 'black'과 'smith'가 합쳐져 '검은 것을 치는 사람'이 되는데 이 뉘앙스에서 '대장장이'라는 뜻이 생겼습니다. 여기에서 말하는 '검은 것'은 '철'을 가리키는데요, 과거에는 철이 제련되지 않았기 때문에 검은색이었습니다.

Goldsmith (금 세공사)

Goldsmith도 직역하면 '금을 치는 사람'이고 여기에서 '금 세공사'라는 뜻이 되었습니다.

지금도 골드스미스라는 성을 가진 사람이 있는데요, 조상이 금 세공을 했던 가문입니다. 참고로 Silversmith는 '은 세공사'입니다.

Whitesmith (양철공)

양철은 은색보다는 흰색에 가까운 느낌이기 때문에 Whitesmith라는 표현으로 '양철공'을 뜻합니다. Whitesmith라는 성을 가진 사람도 있지요.

Blacksmith나 Goldsmith, Whitesmith라는 단어에는 과거 영어가 탄생한 유럽에서 금속을 많이 만들었다는 배경이 있습니다. 금속이 많이 만들어진 이유는 전투나 전쟁이 잦았기 때문이죠. 무기를 만들기 위해서는 철 같은 금속이 많이 필요해지고, 필연적으로 이런 일에 종사하는 사람이 늘 수밖에 없었습니다.

스미스라는 성이 많은 이유는 직업이 그대로 성으로 바뀌었기 때문입니다.

직업이 성이 된 사례는 또 있습니다. 예컨대 Taylor(테일러)는 taylor(재단사)에서 유래했고 Stewart(스튜어트)는 조상이 '집사'를 했던 데서 유래했습니다. Carter(카터)는 car에서 알 수 있듯이 '자동차(당시는 마차)를 다루는 사람'이라는 의미에서 '마차꾼' 일을 했던 가문이었습니다. Miller(밀러)도 mill(가루를 빻다)이라는 의미에서 '방앗간' 가문입니다.

성씨로 조상의 직업이나 역사적 배경을 유추해볼 수 있다는 것이 흥미롭습니다.

참고로 Mac~이라는 이름은 '~씨의 아이'라는 의미로, Macdonald는 '도널드 씨의 아이'를 뜻합니다. 발음이 비슷한 햄버거 체인점의 철자는 McDonald입니다. 또 Jr.(주니어)는 성과 이름이 부모와 같을 때 사용합니다.

know의 k를 발음하지 않는 이유

다음은 '살아 있는 화석 k'입니다. 무슨 말인가 하면 영단어 중에는 철자가 k로 시작하는데도 k 발음을 하지 않는 단어가 꽤 많다는 것입니다. 예컨대 know(알고 있다)의 발음은 많은 사람이 학교에서 '크노우'가 아니라 '노우'라고 배웠을 겁니다.

왜 know의 k를 발음하지 않을까요?

시대를 거슬러 올라가서 서기 1400~1600년경 유럽에서는 '대모음 추이'라는 것이 발생했습니다. '대모음 추이'라고 하니 다소 어렵게 느껴질 텐데요, 쉽게 말해 **표기하는 문자와 발음(모음)이 어긋나는 현상**을 말합니다.

사실 know도 과거에는 k를 발음해서 '크노우' 또는 '크니'라고 했습니다. 그런데 k는 무성모음이라 발음하기가 굉장히 까다롭습니다. 그래서 k를 발음하지 않고 '노우'라고 하게 된 것이죠.

이렇게 know처럼 **발음하기 어려운 단어들의 발음이 점점 바뀌었습니다.**

그렇다면 왜 발음하지 않는 k가 아직도 표기된 채로 남아 있을까요?

서기 1445년에 발명된 '활판인쇄'가 큰 원인입니다.

대모음 추이가 일어나기 시작한 초기 단계에 이미 인쇄물이 유통되고 있었던 겁니다. 당시는 k를 발음할 때였으므로 당연히 인쇄물에도 k가 표기된 상태였죠. 인쇄된 문자를 지울 수는 없으니 **영단어 표기에는 k를 남겨두면서 발음은 하지 않는 이중 기준이 생겨버린 것**입니다.

즉 k가 묵음이 된 이유는 k 발음이 완전히 사라지기 전에 활판인쇄를 통해 k가 붙은 채로 대량 인쇄된 자료들이 널리 퍼졌기 때문입니다.

이 같은 역사적 배경을 알면 발음과 표기가 다른 단어를 만났을 때 '복잡하다'고 불평하지 않고, 영어의 역사를 접했다는 느낌으로 이전보다 더 흥미롭게 받아들이지 않을까요?

참고로 h를 발음하지 않는 단어도 있는데, 이는 k의 경우와 역사적 배경이 전혀 다릅니다. h를 발음하지 않는 단어들은 라틴어에서 유래했는데요, 관습적으로 h를 발음하지 않는 것입니다. 영어에만 묵음이 있는 것이 아니라 스페인어와 포르투갈어에서도 h를 발음하지 않습니다. 이런 이유에서 일본의 '혼다(Honda)'라는 성씨의 표기만 보면 원어민은 '온다'라고 읽어버리죠.

그림 4-2   **발음하지 않는 묵음이 있는 단어**

대표적인 k 묵음 단어

know	(노우)	알고 있다
knee	(니)	무릎
knife	(나이프)	칼
knight	(나이트)	기사
knock	(노크)	두드리다, 치다, 노크하다
knob	(노브)	문 손잡이

대표적인 h 묵음 단어

hour	(아우어)	시간
honor	(아너)	명예
humor	(유머)	유머

사실 '벼락'이라는 영단어는 존재하지 않는다!

뜬금없지만 '벼락'은 영어로 뭐라고 할까요?

thunder(썬더)도 lightning(라이트닝)도 아닙니다.

짓궂은 질문이었는데요, 사실 영어에는 '벼락'에 해당하는 단어가 존재하지 않습니다.

왜 영어에는 '벼락(우르르 쾅쾅 소리와 번쩍하는 빛이 함께 나는 것)'에 해당하는 단어가 없을까요? 그리고 thunder와 lightning은 왜 '벼락'이라고 할 수 없을까요?

thunder는 '천둥'이라는 의미로 '우르르 쾅쾅하고 울리는 소리'를 말합니다. lightning은 '번개'로 '번쩍하는 빛'을 뜻하죠.

그리고 '천둥'과 '번개'를 합친 것을 'thunderbolt(선더볼트)'라고 합니다.

thunderbolt는 '벼락'보다는 '천둥 번개'라고 하는 편이 정확합니다. 그 이유는 지역이나 종교에 따라 다르지만 그리스 신화에서는 '우르르 쾅쾅하고 천둥을 울리는' 신과 '번쩍 빛나는 번개를 내리는' 신이 다르다고 생각했기 때문입니다.

일본에서도 비슷하게 바람의 신과 천둥의 신이 있다고 여깁니다.

thunderbolt는 thunder(천둥)와 bolt(번개)가 결합해 만들어진 복합어입니다. 그래서 비교적 최근에 만들어진 단어지요.

복합어는 각각의 단어가 합쳐져 한 단어가 된 것이기 때문에, 엄밀히 말하면 순수한 영단어라고 할 수 없습니다. 그래서 서두에서 '벼락'을 뜻하는 단어는 존재하지 않는다고 한 것이죠.

그 외의 기상 현상에 대해서도 각각의 이름을 붙여 부르지요. 예를 들면 세차게 내리는 비를 '호우'라고 하고, 빗방울이 가늘게 흩뿌리는 비를 '이슬비'라고 합니다. 눈도 마찬가지로 '폭설(한꺼번에 많이 내리는 눈)'이나 '함박눈(습기를 머금은 굵은 눈)' 등으로 표현하지요.

영어에서는 기상 현상에 이름을 붙일 때도 신을 기준으로 생각합니다. 그래서 우리말과 영어가 딱 들어맞지 않는 부분이 생기는 것이죠.

어쩌면 외국인 중에는 '천둥의 신'과 '번개의 신'을 묶어서 '벼락'이라는 한 단어로 표현하면 안 된다고 여기는 사람이 있을지도 모르겠습니다.

하지만 최근에는 벼락을 thunder라고 표현하는 원어민이 있는 것도 사실입니다. 그러니 일상 회화에서 벼락이라는 의미로 thunder를 사용해도 의미 전달이 되겠지요.

참고로 thunder의 어원은 게르만의 신 '토르'에서 유래했습니다.

토르는 우르르 쾅쾅하고 천둥을 울리는 신으로 알려져 있었습니다. 토르에서 파생해 라틴어 tonare(토나레)가 되었습니다. tonare가 thunder의 어원인 것이죠. '토르 신의 소음'이라는 뉘앙스입니다. 따라서 당시 thunder는 '소리'에만 한정된 의미였지요.

반면 lightning은 현대에 들어서 생긴 단어입니다. 어간인 light는 본래 라틴어로 '빛'을 의미하는 līht(루스)와 게르만어로 '밝다'를 의미하는 lēoht(레오트)에서 왔습니다. light에 -ing를 붙여서 '빛이 움직이고 있는 것'이라는 의미에서 lightning(번개)이 되었습니다.

이처럼 나라와 문화, 종교 등 다양한 요인에 의해서 단어가 만들어졌습니다. 그래서 두 개의 다른 언어 사이에 모든 단어가 정확하게 일대일로 일치하는 일은 거의 없습니다. 지면 관계상 이 책에서는 벼락만 다루었는데요, 정확하게 의미의 일대일 대응이 되지 않는 단어들은 더 많습니다.

제1장
동사

제2장
어원

제3장
접두사·접미사

제4장
키 영
우 단어
기 어
센스

'autumn = 영국식 영어', 'fall = 미국식 영어' 아닌가?

학교의 영어 수업에서 '가을'이라는 의미로 fall과 autumn 두 단어를 배운 사람이 많을 겁니다.

미국식 영어가 fall, 영국식 영어가 autumn이라고 흔히 말하는데요, 정말 그럴까요?

여기에서는 fall과 autumn이라는 두 단어에 대해 자세히 살펴보겠습니다.

먼저 fall은 게르만어에서 유래한 단어로 '떨어지다'라는 뜻으로도 사용합니다. waterfall이라고 하면 '물이 떨어진다'는 뉘앙스에서 '폭포'라는 뜻이 되지요.

그럼 무엇이 떨어져서 '가을'을 뜻하게 되었을까요? '나뭇잎(leaves)'입니다. **'나뭇잎이 떨어지는 계절'이라는 뉘앙스에서 fall이 '가을'을 뜻하게 된 것**이죠.

한편, autumn은 라틴어에서 유래한 단어입니다. autumnitās(수확기)라는 라틴어에서 파생되었죠. 우리도 '결실의 계절'이라고 하듯이 autumn은 **'수확의 시기'라는 뉘앙스에서 '가을'이라는 의미가 생겼습니다.**

그렇다면 도대체 fall과 autumn 중에서 어떤 단어로 '가을'을 표현하면 좋을까요. 미국식 영어에서는 fall을, 영국식 영어에서는 autumn을 쓴다고들 합니다. 그 말이 맞기는 하지만 현실적으로는 제가 알기로 미국에서도 autumn을 쓰고 영국에서도 fall을 쓰는 혼재된 상태입니다.

fall과 autumn을 어떻게 구별하면 좋을지 기준을 말하자면, fall은 봄·여름·가을·겨울이라는 사계절 중의 '가을'을 표현할 때 사용하면 됩니다. 1년 중 '가을'에 초점을 맞추는 뉘앙스입니다. 어려운 표현을 하자면, 상대적인 '가을'을 가리킵니다.

반면 autumn은 '수확의 시기'만을 가리키므로 다른 계절과 비교하지 않는 뉘앙스입니다. 절대적인 '가을'을 나타내죠.

예문을 보면서 확인해볼까요?

I like **fall** the best of the year. (나는 1년 중에서 가을을 제일 좋아한다.)

위 예문에서는 '여름이나 겨울도 좋지만 아무래도 1년 중에서는 가을을 제일 좋아한다'는 뉘앙스로 여름이나 겨울과 비교하고 있지요. 이런 상황에서는 autumn을 잘 쓰지 않습니다.

We eat many fruits in autumn. (우리는 가을에 과일을 많이 먹는다.)

위 예문에서는 특별히 여름이나 겨울과 비교하지 않았습니다. 순수하게 '가을'이라는 계절에 초점을 맞추고 있지요. 이런 상황에서는 autumn을 쓰면 됩니다.

autumn sale이라고 하면 여름이나 겨울과 비교하지 않고 순수하게 '가을에 딱 맞는 상품을 판매한다'는 뉘앙스로 쓴 것이죠. 이때 fall sale이라고 표현하면 같은 층에 '여름 물건 코너', '겨울 물건 코너'가 있고 그중에 '가을 물건 코너'도 있다는 뉘앙스가 되어버립니다.

어떤가요. fall과 autumn 두 단어에는 게르만어와 라틴어라는 유래의 차이도 있지만 수확의 시기를 소중히 여기는 마음도 담겨 있다는 걸 알 수 있지요?

'색다른 의미의 단어'에 숨겨진 의외의 '문화적 배경'

제가 알고 있는 단어 중에서 가장 색다른 것이 '무인도에 홀로 남겨두다'라는 뜻의 maroon 입니다. 미국에 Maroon 5라는 록밴드가 있는데 이 maroon과 어떤 연관이 있는지는 모르 겠네요.

과거 유럽에는 죄인을 무인도에 홀로 남겨두는 형벌이 있었습니다. 무인도가 있는 곳은 서 인도 제도(지금의 카리브해 부근)입니다. 유럽에서도 우리가 알고 있는 '섬 유배' 같은 형벌을 내렸는데요, 여기에서 maroon이라는 단어가 생겼습니다.

물론 현재는 이런 형벌이 없어졌기 때문에 maroon은 '고립시키다'라는 의미로 사용됩니다. 이처럼 어떻게 써야 할지 모르는 영단어를 몇 가지 더 알려드리겠습니다.

anatidaephobia (오리 공포증)

접미사 -phobia는 '공포증'을 의미합니다. 유럽에는 오리를 기르는 집이 많은데 오리가 쫓 아오거나 쪼아대서 무서웠던 경험이 있는 사람이 오리와 눈만 마주쳐도 공포를 느꼈다는 데 서 '오리 공포증'이라는 단어가 생겼습니다.

qualtagh (집을 떠난 후 처음 만난 사람)

TV의 여행 프로그램을 보면 이런 상황을 많이 볼 수 있죠.

mooning (창문에서 엉덩이를 내보이는 장난)

엉덩이가 moon(달)처럼 보인다고 해서 유럽의 어린이들이 하는 장난을 가리켰는데 최근에는 항의나 괴롭힘을 목적으로 하기도 합니다. 애니메이션 <짱구는 못말려>에 등장하는 엉덩이춤이 바로 mooning이네요. 물론 이런 행동은 형사 처벌에 해당하는 범죄 행위이니 해서는 안 됩니다.

이외에도 다음과 같은 단어가 있습니다.

spiralizer (채소 제면기)

gobbledygook (공문의 까다로운 표현)

atoll (고리 모양의 산호초, 환상 산호초)

ultracrepidarian (알지 못하는 것에 대해 말하는 사람)

anhedonia (예전에 느꼈던 즐거움을 느끼지 못하게 된 것)

여러 단어를 소개했는데요, 이 단어들은 일상 회화에서 쓸 일이 거의 없을 겁니다. 때로는 쓸데없는 정보도 필요한 법입니다. '이런 단어도 있구나!' 하는 느낌으로 머리 한구석에 넣어두었다가 대화 소재로 활용해보기 바랍니다.

'소리의 울림'에서 원어민이 '불편함'을 느끼는 단어

앞서 '죽음'을 나타내는 mort가 쓰인 immortal(죽지 않는, 불사신의)이라는 단어를 소개했지요.

mort가 쓰인 단어를 하나 더 알려드리겠습니다. 바로 영화 <해리 포터>에 등장하는 악당 Voldemort(볼드모트)입니다.

원어민은 Voldemort라는 단어의 울림에 왠지 모를 불편함을 느낍니다. 원어민 친구들에게 Voldemort에 대해 물어보니 모두 입을 모아 '섬뜩하다', '왠지 으스스하다'라고 하더군요. 저도 외국 서적에서 처음 이 단어를 봤을 때 불쾌함을 느꼈던 기억이 선명합니다.

우리 일상에서도 왠지 들으면 불편함이 느껴지는 단어가 있죠. 예를 들면 숫자 '4'가 그렇습니다. 4는 한자 '죽을 사(死)'와 발음이 같아서 '죽음'을 연상시키기 때문에 주차장이나 호텔 객실 호수에는 쓰이지 않을 때가 많은 숫자입니다.

일본에서는 자동차 번호판에도 마지막 두 자릿수가 '42'나 '49'는 결번입니다. 이것도 '죽음'을 연상시키는 단어와 발음이 비슷하기 때문이죠.

이처럼 '소리의 울림이 주는 섬뜩한 느낌'이라는 것이 있습니다. '어감'을 중시한다고도 할 수 있죠.

일본 야마나시현 미노부산에 오르면 '쿠시키리 단고'라는 것을 파는데요, 겉보기에는 별다를 것 없는 떡꼬치입니다. 그런데 떡을 줄 때 꼬챙이 부분을 가위로 자른 후에 줍니다. 왜냐하면 '액운을 잘라버렸으니 행운을 빈다'라는 의미를 담고 있기 때문이지요.(꼬치의 발음이 고통과 죽음을 뜻하는 苦死와 같은 데서 유래했다.-옮긴이)

다시 <해리 포터>의 Voldemort 이야기로 돌아가죠. vol은 '회전'이라는 뜻이고 de는 라틴어로 '~의'라는 뜻입니다. 그리고 mort는 제2장에서도 소개한 '죽음'을 의미합니다. 세 개를 연결하면 '죽음의 회전'이니까 '몇 번 죽어도 다시 태어난다'는 뉘앙스가 되는 거죠. 물론 <해리 포터>의 작가인 J. K. 롤링에게 물어보지 않았으니 확신할 수는 없습니다.

다만 Voldemort라는 말이 가지고 있는 섬뜩함이 <해리 포터>라는 작품의 세계관을 만들어내는 요소 중 하나임은 분명합니다.

Voldemort 외에 느릅나무라는 뜻의 elm(엘름)이라는 단어의 울림도 원어민에게는 불쾌감을 유발합니다. 느릅나무는 일본에서는 홋카이도에 많이 분포해 있는데 북의 몸통 부분을 만드는 소재로 쓰이고 있죠. 영어권에서 느릅나무는 '관을 만드는 나무'로 알려져 있습니다. 그래서 '엘름'이라고 들으면 원어민은 관을 떠올리게 되어 불쾌함을 느끼죠.

elm의 섬뜩한 울림을 이용한 영화가 <나이트메어(A Nightmare on Elm Street)>입니다. 원어민은 제목만 봐도 등골이 오싹해집니다. 이처럼 특히 영화를 볼 때 역사나 배경을 알아두면 이야기를 몇 배나 더 풍부하게 즐길 수 있어 원어민과 같은 감각을 맛보게 해주는 단어가 있지요.

'사다리'를 의미하는 ladder도 사실 원어민이 듣기에는 울림이 그리 좋지 않은 단어입니다. '사다리 밑을 지나가면 재수가 없다'고 하기 때문이죠. 우리는 사다리라는 단어에서 특별히 불길한 느낌을 받지 않지만, 과거 영어권에서는 나무와 나무 사이에 밧줄을 묶어 교수형에 처했기 때문에 사다리 아래에는 죽은 사람이 매달려 있으니 지나가면 안 된다고 여겼다는 역사적 배경이 있습니다.

물론 일상 회화에서 '사다리'라는 의미로 ladder를 많이 쓰기 때문에 특별히 신경 쓸 필요는 없지만, 원어민에게 어감이 좋은 단어는 아니라는 지식을 머리 한편에 넣어두면 좋겠죠. 참고로 일본의 공포영화 <링>의 할리우드 버전 <The Ring>에는 곳곳에 사다리가 등장합니다.

'alien(에일리언)'은 '외계인'이라는 뜻이 아니다!

영화의 영향도 있겠지만 alien이 '외계인'을 뜻하는 단어라고 생각하는 사람이 많은 듯합니다. 하지만 **alien의 정확한 의미는 '외부인'입니다.**

해외 공항에 도착해 입국 절차를 밟으려면 '외국인'이라는 의미의 Aliens가 적힌 곳으로 가야 합니다. 이때의 alien은 '그 나라의 거주권이 없는 사람'이라는 뉘앙스입니다. Aliens와 Residences로 나뉘어 있는데 Residences는 '그 나라의 거주자'라는 뜻입니다.

한국 공항에는 Aliens 대신에 Foreigners라고 쓰여 있는데요, 미국 공항에서는 Aliens를 씁니다.

그럼 '외계인'은 영어로 어떻게 표현할까요? E.T.(Extra Terrestrial)입니다. E.T.라고 하면 대부분 영화 <E.T.>를 떠올릴 텐데요, 사실 영화 제목이 바로 '외계인'이라는 뜻입니다. 영화가 1982년에 개봉되었으니 옛날 말이라고 생각하기 쉽지만 원어민은 지금도 '외계인'을 E.T.라고 합니다.

extra는 '바깥의'라는 뜻의 형용사입니다. terrestrial의 terre는 앞에서 설명한 '지구'를 뜻하는 단어의 어원 terra의 파생형입니다. st는 어형 변화한 것이므로 별다른 의미는 없고, rial은 '~한 사람/것'이라는 뜻입니다. 따라서 **extra와 terre, rial을 합치면 '지구 밖의 사람'이라는 뉘앙스로 '외계인'이라는 뜻이 됩니다.**

또 E.T.라는 말을 깊이 파고들면 흥미로운 사실을 알 수 있습니다.

E.T.의 E에 해당하는 extra는 본래 라틴어 단어입니다. 그런데 T의 terrestrial에서 terre는 본래 그리스어입니다.

과거 라틴어를 사용했던 로마제국에는 학문 능력을 높이려는 움직임이 있었습니다. 로마제국에는 학교가 없었기 때문이죠.

그런데 교육할 곳이 없다는 사실에 위기감을 느낀 로마제국은 그리스 학자들을 로마(지금의 이탈리아)로 불러 모아 가정교사를 시켰다고 합니다. 이러한 로마제국의 교육 역사의 산물이 바로 E.T.라는 단어입니다.

E.T.라는 글자를 볼 때마다 그 이면에서 로마제국의 학문에 대한 열정이 전해지는 듯한 느낌이 들어 언어를 공부하길 정말 잘했다는 생각이 절실히 듭니다.

역사적으로 '한가운데'가 된 바다, 지중해

'지중해'라는 단어의 이면에도 흥미로운 역사적 배경이 짙게 깔려 있습니다. 여러분은 이 '지중해'라는 말이 어딘가 좀 특이한 이름이라고 생각한 적 없나요? 저도 학창 시절부터 의문이 있었습니다.

그런데 역사를 공부할수록 '지중해'라고 불러야만 하는 이유가 있다는 걸 알게 되었죠. 왜 이곳을 '지중해'라고 불러야만 했을까요?

우선 아래 그림을 보세요. 로마제국이 최대 세력일 때의 지도입니다. 지도에서 알 수 있듯

그림 4-3   로마제국의 영토

이 영국(지금의 브리튼 섬 남쪽 절반)에서 유럽 전체, 그리고 북아프리카까지 점령하고 있었습니다. 즉 로마제국에서 보면 지중해는 자신들의 영토 한가운데에 있습니다. 먼저 이 지리적 관계를 기억해두세요.

지중해는 영어로 the Mediterranean (Sea)라고 표기합니다. Sea가 없어도 지중해를 의미합니다. 세계적으로 유명한 강과 바다는 따로 river나 sea를 표기하지 않아도 괜찮습니다. 나일강은 the Nile이라고 해도 뜻이 통하니까요.

Medi는 '한가운데'라는 의미를 나타냅니다. 예컨대 media(미디어)라는 단어는 medi에서 파생한 단어인데요, '당사자와 그것을 알고 싶은 사람의 중간에 서서 정보를 주고받는 사람'이라는 뉘앙스에서 media라는 단어가 생겼습니다. 또 middle(가운데)이라는 단어도 이 medi에서 파생한 단어입니다. S, M, L 사이즈에서 'M 사이즈'는 middle을 말하죠.

그리고 terra는 앞에서 설명했던 '땅'이라는 뜻을 나타냅니다. 그럼 마지막 '바다' 부분은 어디에서 왔을까요? 라틴어 mare에서 왔습니다. 라틴어로는 지중해를 Mare Mediterraneum이라고 표기했습니다. 이 mare에서 파생된 형태인 mar가 '바다의'라는 뜻을 나타내는데요, mar가 붙은 단어로는 marine이 있습니다. '마린 스포츠'라는 표현으로 친숙한 단어죠. 또 '여성'이라는 의미를 나타내는 maid(요즘 메이드 카페 등으로 사용하는 표현이죠)가 결합한 단어가 mermaid(인어)입니다.

마지막으로 nean은 본래 라틴어로 형용사를 만드는 단어입니다. 이렇게 해서 단어 조합이 끝났습니다. **the Mediterranean (Sea)는 '자신들의 영토(대지) 한가운데 있는 바다'라는 의미에서 '지중해'가 되었습니다.**

참고로 현대 스페인어도 라틴어에서 파생해서 Mar Mediterraneo(마르 메디테라네오)라고 표기합니다.

'지중해'는 특이한 이름이지만 사실 지금으로부터 1800년 전 2세기 로마제국이 최대 세력을 자랑하던 시대의 흔적을 현대에도 실감할 수 있는 매우 낭만적인 단어입니다.

제1장
동사

제2장
어원

제3장
접두사·접미사

제4장
키워기기 영단어 센스

'그레이트 브리튼'과 '잉글랜드'의 차이

영국 하면 대개 '잉글랜드(England)'라는 영어를 떠올릴 텐데요. 물론 그 자체는 나쁘지 않지만 사실 영국 사람 중에는 '잉글랜드라고 부르지 않았으면 좋겠다'고 생각하는 사람도 있습니다. 그 이유는 **잉글랜드, 스코틀랜드, 웨일스, 북아일랜드 네 개의 자치국을 하나로 묶어서 부르는 명칭이 영국**이기 때문입니다.

참고로 Great Britain(그레이트 브리튼)은 국가명이 아니라 지리적인 명칭이며 '커다란 브리튼 섬'이라는 뜻입니다. 북아일랜드는 브리튼 섬에 속하지 않으므로 Great Britain은 잉글랜드와 스코틀랜드, 웨일스 세 개의 자치국을 가리킵니다. 따라서 영국은 자국을 United Kingdom(유나이티드 킹덤, 줄여서 U.K.)이라고 부릅니다. 정식 명칭은 United Kingdom of Great Britain and Northern Ireland(그레이트 브리튼과 북아일랜드 연합왕국)입니다.

역사를 거슬러 올라가 서기 375년경 여러 정치적인 이유로 앵글로족, 색슨족, 주트족이 현재의 독일(당시는 게르만, 현대어로는 저먼)에서 유럽 각지로 이주했습니다. 이것이 유명한 '게르만 민족의 대이동'입니다. 한꺼번에 이동한 것이 아니라 300년 정도에 걸쳐 서서히 이주했습니다.

그리고 앵글로인(영어로는 일반적으로 '앵글족'이라 함)이 브리튼 섬으로 이주해왔지요. 그런데 당시 브리튼 섬에는 켈트족이 살고 있었습니다. 켈트족의 표기는 Celtic이고 셀틱이라고 발음합니다. 하지만 예전에는 켈틱으로 발음했기 때문에 켈트 혈통을 잇고 있는 사람은 지금도 Celtic을 켈틱이라고 합니다. 셀틱이라는 이름의 축구팀은 '켈트의'라는 뜻이죠.

켈트족이 살고 있던 브리튼 섬에 앵글로인이 들어가 분쟁이 일어납니다. 그리고 앵글로인이 승리하게 되죠. 그래서 **브리튼 섬을 'Angles(앵글족의)'와 'land(토지)'를 조합해 Angles land라고 부르게 되었고, 이것이 England라는 말의 어원**이 되었습니다. 이런 역사적 배경에 의해 켈트족에게 England라는 말은 자신들이 이방인 취급을 받는 것처럼 들리죠. 켈트 혈통을 잇는 사람들이 영국을 England라고 하는 말을 들으면 정말 싫어합니다. 그럼 영국을 뭐라고 표현하면 좋을까요? 역시 U.K.가 좋겠지요. 참고로 '영국인'은 British(브리튼 섬 사람)라고 합니다. 지리적인 명칭이니 정치적 뉘앙스는 들어 있지 않습니다. 그래서 Are you British? (당신은 영국 사람인가요?)는 괜찮아도 Are you English?라는 표현은 최대한 피하는 것이 좋습니다.

정리하자면 **영국의 국가명을 말할 때는 U.K.로, 영국인이라고 표현할 때는 British가 가장 무난**합니다.

다만 '영어'라는 언어를 가리킬 때는 English라고 해도 문제없습니다. 참고로 그 지역의 방언이 들어간 것을 표현하는 말이 있습니다. 스코틀랜드 말은 Scottish(스코티시), 웨일스 말은 Welsh(웰시), 북아일랜드 말은 (Northern) Irish(노던 아이리시)라고도 하는데 이것을 모두 합친 것이 English입니다. 우리나라의 경상도 사투리나 전라도 사투리, 제주 사투리 등을 합쳐서 한국어(Korean)라고 하는 것과 같은 개념입니다. 즉 **Engl-(Angles의 파생어)로 표기해도 좋은 것은 언어를 나타내는 English뿐이라는 사실을 기억해두면 영국에서 일하거나 여행할 때 현지에서 원만한 관계를 맺을 수 있겠죠?**

'work'와 'job'은 같은 의미가 아니다?

지금부터는 틀리기 쉬운 영단어를 설명하겠습니다.

먼저 '일'이라는 단어부터 시작하겠습니다. 일이라고 하면 work와 job을 많이 떠올릴 텐데요, 사실 원어민과 대화할 때 의외로 자주 사용하는 단어가 task입니다.

work (내가 해야 할 일)

work는 **'내가 구체적으로 관여하고 있는 일'**을 가리킵니다. '내가 해야 할 일', '그날 하루의 일'이라는 뉘앙스가 있습니다.

예를 들어 I have to go to work. (나는 일하러 가야 해.)는 '내가 맡은 일'을 하기 위해 출근해야 한다는 의미이고, I helped her work. (나는 그녀의 일을 도왔어.)는 '그녀가 맡은 일'을 돕는다는 말이죠. '그녀의 일'이니까 내 일이 아닙니다. 이처럼 그 사람이 구체적으로 관여하고 있는 일을 work로 표현합니다.

job (직업적인 일)

job은 work와 달리 본인의 일에는 거의 쓰지 않습니다. my job(나의 일)이라는 표현이 있는데 사실 원어민은 별로 사용하지 않아요.

예컨대 Did he get a job? (그는 취직했어?)이라는 표현은 '내가 맡은 일'이나 '그가 맡은 일'이 아니라 단순히 '일'을 총칭하는 느낌입니다. 제삼자적인 뉘앙스라고 해도 좋겠지요.

또 She is looking for a new job. (그녀는 새로운 일을 찾고 있어.) 또는 He has a part-time job. (그는 아르바이트하고 있어.)처럼 형용사와 함께 쓸 때는 work가 아니라 job을 씁니다.

business (산업적인 일)

business는 **'산업적인 일'**이라는 뉘앙스입니다. 구체적인 업무 내용보다는 '직종'에 초점을 맞춘 느낌입니다.

예컨대 His business is apparel. (그의 일은 의류 관련입니다.) 또는 I want to begin a business of IT. (나는 IT 관련된 일을 시작하고 싶어.) 등 work나 job과 달리 큰 틀에서의 일을 의미합니다.

task (업무로서 주어진 하나하나의 일)

task는 **'해야 할 일'**이라는 뉘앙스입니다. 급여가 발생하든 발생하지 않든 '내가 해야 할 일'이라는 의미로 사용합니다. 원어민은 task를 아주 많이 씁니다. 예를 들면 I have several tasks to complete today. (나는 오늘 끝내야 할 일이 몇 가지 있다.)라는 문장에서는 '거래처에 전화하기', '부품 만들기' 등 돈을 받는 일뿐만 아니라 '빨래하기', '장보기' 같은 집안일도 task에 해당합니다.

'오늘 할 일'을 쭉 써놓은 것을 가리켜 '태스크 리스트'라고 하는데 'to do 리스트'라고 하는 사람도 있습니다. 단, 'to do 리스트'의 to는 should의 의미이므로 영어의 뉘앙스로 보면 '해야 할 리스트'가 됩니다.

제1장
동사

제2장
어원

제3장
접두사·접미사

제4장
키우기
영단어
센스

'규모'로 구별하는 '가게'라는 의미의 단어

영어에는 '가게'라는 뜻의 단어가 많습니다. 우리는 단어의 차이를 크게 인식하지 않지만 원어민은 확실하게 구별해 씁니다.

shop (전문점)

shop과 store를 혼동하기 쉬운데요, **판매뿐만 아니라 제작하고 수리하는 가게를 가리키는 것이 shop의 본래 의미입니다.**

이를테면 guitar shop은 기타를 판매하기도 하고 유지보수나 수리도 해줍니다. shoes shop도 원래는 구두 판매는 물론이고 부러진 구두 뒷굽을 고쳐주기도 했습니다. 말하자면 '전문점'이라는 뉘앙스입니다.

store (판매점)

store의 본래 의미는 '축적하다'입니다. 그래서 **재고를 두고 판매만 하는 가게를 store라고 부르는데요,** book store가 대표적인 예입니다. 이전에 뉴욕에 갔을 때 book shop이라고 되어 있는 가게에 들어간 적이 있는데요, 실제로 그곳에서는 낡은 책을 복원해주는 일도 하고 있었습니다.

supermarket (커다란 시장)

supermarket은 super(대단한)와 market(시장)이 합쳐져 '대단한 시장'이 되어 '한 건물 안에 들어가 있는 아주 큰 시장'이라는 뉘앙스가 있습니다. 신선식품을 팔기 때문에 붙은 이름이라고 오해하면 안 됩니다. 물론 신선식품도 팔지만 다른 생활용품이나 잡화, 서적 등 다양한 물건을 파는 가게를 가리킵니다.

제1장
동
사

제2장
어
원

제3장
접두사
접미사

제4장
키 영
우 단
기 어
센
스

department store (소매점이 모여 있는 시설)

department store의 department는 대학의 '학부'를 가리키는 것과 같이 '부서'라는 뉘앙스가 있습니다. 따라서 1층은 식료품, 2층은 의류, 3층은 가방과 구두 등 각각의 층에서 물건을 파는 곳이라는 의미입니다. store가 붙어 있으므로 재고를 가지고 판매하는 일이 주가 됩니다. 소매점이 한 건물에 모여 있다는 뉘앙스도 있습니다.

shopping mall (supermarket + department store)

shopping mall은 supermarket과 department store의 역할을 모두 갖춘 시설을 말합니다. 각지에 대형 쇼핑몰이 많이 있지요?

이 밖에 가정용품이나 DIY 용품을 판매하는 home center(홈 센터)가 있습니다. depot(디포)라고 표현하는 곳도 있는데 이곳은 대형 홈 센터 같은 느낌이지요. 창고에서 상자째 구입할 수 있는 곳입니다. depot는 본래 '창고'나 '상품의 유통 거점'이라는 의미여서 내부가 창고처럼 된 곳이 많지요. 코스트코가 좋은 예입니다.

'타다'를 구별하는 포인트는 '타고 난 후'

'타다'를 뜻하는 단어도 여러 가지가 있는데요, 각각 뉘앙스가 조금씩 다르니 주의할 필요가 있습니다.

어떤 단어를 써야 할지 모르겠을 때는 take를 쓰면 일단 넘어갈 수 있어요. 뉘앙스에 충실하게 단어를 사용하는 것도 중요하지만 급할 때 쓰기 좋은 단어를 확보하는 것도 중요합니다. 결코 도망치는 게 아니에요. 소통을 멈추지 않는 것이 중요하니까요.

take (탈것을 이용하다)

take는 '타다'보다 **'탈것을 이용하다'**라는 뉘앙스입니다. 그래서 I take a bus. (나는 버스를 탄다./버스를 이용한다.) 또는 I take an airplane. (나는 비행기를 탄다./비행기를 이용한다.)처럼 표현할 수 있습니다.

take는 원칙적으로 대중교통에 쓰는 표현입니다. 비행기, 전철, 버스, 택시 등이 해당하죠.

get on (타서 걸어 다닐 수 있는 것)

get on은 '탄 후에 걸어 다닐 수 있는 것'에 탈 때 사용하는 표현입니다. 비행기나 전철, 배를 예로 들 수 있죠. 최근에는 안에서 걸어 다닐 수 있는 버스도 있으니 이때는 get on을 쓸 수 있습니다. I always get on the bus to go to work. (나는 항상 버스를 타고 출근합니다.) 또는 Don't forget to get on the subway at the next station. (다음 역에서 지하철 타는 것을 잊지 마.) 등의 표현이 가능합니다.

제1장
동
사

제2장
어
원

제3장
접두사
·
접미사

제4장
키
우
기
영
단
어
센
스

ride (위에 타는 것, 타고 난 후에 움직일 수 없는 것)

ride의 본래 의미는 **'위에 타는 것'**으로, '타고 난 후에 움직일 수 없는 것'이라는 뉘앙스입니다.

여러분이 알고 있는 ride는 I ride a motorcycle. (나는 바이크를 탄다.)의 이미지가 강해서 '걸터앉아 탄다'는 의미로 외우고 있겠지만 그렇지 않습니다.

흔히 오해하는 부분인데요, **ride는 '걸터앉아 타다'가 아닙니다. '타고 난 후에 움직일 수 없는 것'이라는 뉘앙스이므로 자전거, 오토바이, 말 외에 자동차, 택시에도 쓸 수 있습니다.**
I ride a car. (나는 차를 탄다.)라고 표현할 수 있습니다. 이 부분이 헷갈리기 쉬운 포인트입니다. ride가 '걸터앉아 타는 것'이라는 생각을 버리고 '타고 난 후에 돌아다니지 못하는 것'이라는 이미지를 입혀보세요.

예컨대 롤러코스터(roller coaster)에도 ride를 써서 I rode a roller coaster yesterday. (나는 어제 롤러코스터를 탔다.)처럼 표현합니다.

get on과 ride는 대조적인 뉘앙스를 가지고 있습니다. 하지만 최근에는 솔직히 get on과 ride가 원어민 대화에서 혼용되기 시작한 느낌입니다. 그렇다고 해서 어느 쪽을 써도 좋다는 말이 아니라 확실하게 뉘앙스 차이를 이해하는 것이 중요합니다.

ride와 비슷한 표현으로 get in을 쓰기도 하는데요, get on과 헷갈리겠다 싶을 때는 무리하지 말고 ride를 쓰면 됩니다.

'sit down'은 쓰지 않는 편이 좋다?

'앉다'라는 말도 의외로 쓰임새가 어려운 단어입니다.

단어마다 뉘앙스가 조금씩 달라서 자칫 손윗사람에게 잘못 사용하면 진땀 나는 상황을 겪을 수 있습니다.

어떤 상황에서 어떤 단어를 선택해야 하는지 알아보겠습니다.

sit down (앉다)

sit down은 말 그대로 '앉다'라는 의미입니다. 학교에서도 배운 표현이지요. 그런데 **실제로는 거의 쓰이지 않습니다. 왜냐면 조금 강한 어조의 단어이기 때문이에요.** 친구에게 sit down이라고 하면 '앉아'라는 뉘앙스이고 선생님이 쓰면 '앉아라'의 뉘앙스가 됩니다. 그래서 **윗사람에게는 절대로 사용해서는 안 됩니다.** 'Please를 붙이면 된다'고 생각할 수도 있지만 그래도 윗사람에게는 좋은 인상을 주지 않습니다. Please sit down.을 해석하면 '앉으세요.'지만 명령조의 뉘앙스가 남아 있으므로 Please sit down.은 급할 때만 쓴다는 정도로 생각하는 편이 무난합니다.

예를 들어 Please sit down and make yourself comfortable. (앉아서 편하게 쉬세요.)이라는 말은 윗사람만 할 수 있습니다. 이 말을 거꾸로 윗사람에게 하면 큰일 납니다.

상대에게 말하는 것이 아니라 자기 행동에 대해서 말한다면 괜찮습니다. 이를테면 After a long day at work, I like to sit down and relax with a good book. (업무로 긴 하루를 보낸 후 좋은 책을 들고 앉아서 쉬는 것을 좋아한다.) 등의 표현은 전혀 문제없습니다.

seat (앉히다)

seat은 타동사로 '앉히다'라는 의미이므로 seat을 그대로 쓸 일은 거의 없습니다. seat을 쓸 때는 기본적으로 be 동사＋과거분사의 수동태로 사용합니다. Please seat yourself at the table. (테이블에 앉아주세요.)이라고 seat 뒤에 yourself 등을 쓰면 '앉는' 뉘앙스가 나오지만 이 표현도 그리 잘 사용하지 않습니다.

seat에는 명사로 '좌석'이라는 뜻이 있는데요, 동사보다는 명사로 더 많이 쓰이고 있습니다.

be seated (앉으세요)

be seated는 앞에서 설명한 seat의 수동태인데 이것이 sit down의 정중한 표현입니다. 말하자면 **'앉아주십시오' 같은 뉘앙스입니다.**

비행기를 탔을 때 Please be seated and fasten your seatbelt. (자리에 앉아 안전벨트를 매주시기 바랍니다.)라는 안내방송을 들을 때가 있습니다. 이것이 '앉다'의 올바른 쓰임새입니다.

Please be seated.는 직역하면 '앉은 상태로 있어 주세요.'인데 이것이 정중한 표현인 '앉아주세요'의 뉘앙스가 됩니다.

그런데 푸드 코트 등에서 한 자리가 비어 있고 맞은편 좌석에 다른 사람이 앉아 있는 상황에서 Is this seat available? (이 자리 비어 있나요?)이라고 누가 물어보았을 때 "네 앉으세요."라고 대답하려면 뭐라고 해야 할까요? 그때는 Please sit down.이라고 합니다. 단순히 '앉으세요'라는 동작을 말하기 때문에 Please be seated.는 적절하지 않습니다.

원어민은 '알다'와 '알고 있다'를 구별해서 쓴다

'알다/알고 있다'라는 말도 까다롭습니다. 단어마다 뉘앙스가 다르기 때문이죠.

여기에서는 기본적인 단어를 예로 들어 각각의 뉘앙스를 확인해보겠습니다.

know (알고 있다)

know는 상태 동사로 '~을 알고 있다(상태)'라는 의미이므로 무언가를 새롭게 인풋하는 것이 아닙니다. 이미 무언가를 '알고 있다'는 것을 전제로 합니다. 배워서 알고 있다고도 할 수 있습니다. 예컨대 I know boxing. (나는 복싱을 알고 있습니다.)이라는 문장은 '이미 나는 복싱의 기초가 몸에 배어 있다'는 뉘앙스입니다.

또 Do you know where the nearest post office is? (제일 가까운 우체국이 어디에 있는지 알고 있습니까?)는 '우체국 위치를 알고 있는 상태인지' 묻는 뉘앙스이므로 '~을 알고 있습니까?'라는 문장에는 Do you know~?를 사용합니다. Do you learn~?이라고 하면 뉘앙스가 이상해져버립니다.

learn (알다)

learn은 동작 동사로 '알다'라는 동작을 나타내는 단어입니다.

학교에서는 learn을 '배우다'라는 의미로 외웠을 텐데요, 이것은 파생된 단어입니다. learn의 본래 의미는 '알다'입니다. '안다'는 것은 '배운다'는 말이므로 '배우다'라는 뜻이 나중에 추가되었습니다.

예를 들어 '나는 기타 치는 법을 알고 싶다.'라고 표현하려면 I want to learn how to play the guitar.라고 합니다. '기타 치는 법을 배우고 싶다'라고도 할 수 있지만 learn의 의미는 '알다'입니다.

또 '나는 그것을 알고 싶다.'라고 말하고 싶을 때는 I want to learn it.이라고 합니다. I want to know it.은 뉘앙스가 다릅니다. 직역하면 '나는 그것을 알고 있는 상태로 만들고 싶다.'가 되어버리니 적절하지 않다는 사실을 알 수 있죠.

다만 '가르쳐 달라'는 표현은 Let me know.라고 합니다. Let me learn.이라고는 하지 않아요. 가르쳐 달라는 것은 '지식이나 정보를 내 머릿속에 들어 있는 상태로 만들게 해달라'는 말이므로 Let me know.가 올바른 사용법입니다.

be [get] aware of (know와 learn의 정중한 표현)

be aware of나 get aware of는 know와 learn의 정중한 표현으로 많이 사용합니다.

윗사람에게는 know나 learn보다는 be aware of라는 표현이 더 적절합니다. be aware of는 know에 해당하고, get aware of는 learn에 해당합니다.

비즈니스 상황이나 윗사람에게 '그 사실에 대해 알고 싶다.'고 표현하고 싶을 때는 I would like to be aware of that matter.라고 합니다.

또 Please be aware of ~를 써서 '~에 유의하세요' 또는 '~에 주의하세요' 등 조금 의역된 형태로 표현하기도 합니다.

'입다'와 '입고 있다'는 다르다

다음은 '입다/입고 있다'입니다. 역시 '입는다'는 동작과 '입고 있다'는 상태에 따라 단어가 달라집니다. 이 차이를 확인하면서 단어를 살펴보겠습니다.

put on (착용하다)

put on은 동작 동사로 '착용하다'라는 의미이므로 **무언가를 착용하지 않은 상태에서 몸에 착용하는 상태로 바뀔 때의 동작을 나타냅니다.** '~을 입다'라고 표현해도 좋습니다.

예를 들면 Please put on your coat before you go outside. (밖에 나갈 때는 코트를 입으세요.)라는 문장에는 wear를 쓸 수 없습니다. '코트를 입다'라는 동작을 나타내므로 put on을 써야 합니다.

put on은 옷뿐만 아니라 액세서리, 안경, 화장품 등에도 사용하고 틀니를 낀다고 표현할 때도 put on을 씁니다.

She put on her favorite necklace for the party. (그녀는 파티를 위해 좋아하는 목걸이를 착용했다.) 또는 Don't forget to put on sunscreen before going to the beach. (해변에 가기 전에 자외선 차단제를 바르는 것을 잊지 마세요.) 등으로 표현할 수도 있습니다.

put on의 반의어는 take off(~을 벗다)입니다. 비행기에 관한 표현으로 쓸 때는 '이륙하다'라는 뜻이 되는데 비행기와 지면이 멀어지는 것, 몸과 옷이 멀어지는 것은 같은 뉘앙스이므로 모두 take off를 씁니다. Please take off your shoes before entering the house. (집에 들어가기 전에 신발을 벗어주세요.) 등으로 표현합니다.

'옷을 입다', '구두를 신다', '모자를 쓰다', '목걸이를 걸다', '안경을 쓰다', '틀니를 끼다' 등 각각 다른 동사에도 모두 put on을 씁니다.

한 가지 주의할 점은 '그것을 입는다'라고 대명사를 쓸 때는 put it on처럼 put과 on 사이에 대명사가 들어갑니다. 다만 원어민 대화에서는 put your hat on(모자를 쓰다)처럼 일반명사를 넣을 때도 많으니 꼭 대명사만 사이에 들어가는 것은 아닙니다. 회화에서는 이렇게 put과 on 사이에 명사를 넣는 추세가 주류를 이룹니다.

wear (입고 있다)

wear는 상태 동사로 **'~을 입고 있는 상태'**를 나타내는 단어입니다. put on은 동작 동사이므로 이 차이를 확실하게 이해하는 것이 중요합니다.

She always wears a hat to protect herself from the sun. (그녀는 항상 태양으로부터 몸을 보호하기 위해 모자를 쓰고 있다.)이라는 문장에서는 '모자를 쓰고 있는 상태'를 설명하고 있습니다.

acquire (지식이나 기술을 습득하다)

acquire는 '눈에 보이지 않는 것'을 습득할 때 사용합니다. 즉 '지식이나 기술을 습득하다'라는 의미나 '병에 걸리다'라는 의미로도 쓰입니다. 세균이나 바이러스는 눈에 보이지 않기 때문이죠. 하지만 '병에 걸리다/감염되다'라는 뜻으로는 be infected with ~가 더 일반적인 표현입니다.

예를 들면 He has acquired a lot of knowledge through years of studying. (그는 수년 동안의 학습을 통해 많은 지식을 습득했다.)으로 표현할 수 있습니다.

'get married to'와 'be married to'의 차이

다음은 '결혼하다'를 뜻하는 단어인데요, 마찬가지로 '결혼하다'라는 동작과 '결혼한' 상태를 나타낼 때 쓰는 단어가 달라집니다. 이 차이를 확인하면서 단어를 살펴보겠습니다.

marry (~와 결혼하다)

marry는 '~와 결혼하다'라는 의미의 타동사이므로 바로 뒤에 목적어인 사람이 옵니다. 이 부분이 시험에 자주 나오는데요, marry with라고 전치사를 붙이면 안 됩니다.

프러포즈할 때는 Will you marry me? (나와 결혼해주세요.)라고 합니다. 이 문장을 그대로 외워두세요. 그러면 marry 뒤에 with가 오지 않고 will 대신에 be going to라고 잘못 쓸 일도 없습니다. 참고로 be going to라고 해버리면 '나는 당신과 결혼하기로 되어 있으니 잘 부탁합니다. 당신의 의견은 상관없어요. 이미 결혼하기로 되어 있으니까요.'처럼 상당히 무서운 표현이 되어버립니다.

will에는 '의지'의 뉘앙스가 있으므로 '나는 당신과 결혼하고 싶은 마음으로 가득하다'는 의지를 나타내기 위해 씁니다. 또 will은 '의지(마음)는 100%지만 실현 여부는 80% 정도'라는 뉘앙스이므로 프러포즈할 때는 Will you marry me?라고 해야겠죠. 당연히 Do you~?도 안 됩니다. '내 마음과는 별개로 나와 결혼할 거야?'처럼 남에게 다 미루는 프러포즈가 되어 버립니다.

혹시 외국인과 결혼하게 될 수도 있으니 이 표현을 외워두세요!

get married to (~와 결혼하다)

get married to는 동작 동사로 '~와 결혼하다'라는 의미의 숙어입니다. 여기까지만 보면 marry와 차이가 없어 보이지만 이 표현은 다른 상황에서 사용합니다.

marry가 들어가는 문장에서는 기본적으로 '나(I)'와 '당신(you)' 둘 중 하나가 주어가 됩니다. marry는 나를 주체로 하는 '결혼하다'를 뜻하므로 당사자 사이에만 쓸 수 있습니다.

반면 get married to는 내가 객체가 될 때의 '결혼하다'를 뜻하므로 결혼 당사자가 아닌 제삼자 시점에서 '~와 결혼하다'라고 표현할 때 쓰는 숙어입니다. 예를 들면 She got married to her high school sweetheart. (그녀는 고교 시절의 연인과 결혼했다.)와 같이 표현합니다.

또 get married to는 현재완료형으로 표현할 수도 있습니다. They have gotten married to each other after dating for five years. (그들은 5년의 교제 기간을 거쳐 결혼했다.)처럼 표현할 수 있습니다.

be married to (~와 결혼했다)

be married to도 제삼자의 뉘앙스지만 get이 아니라 be가 쓰였으므로 상태 동사가 되어 **'~와 결혼한 상태'**라는 의미가 됩니다. 부부 관계를 나타내기 위한 표현이라고도 할 수 있죠. 예컨대 She is married to a famous actor. (그녀는 유명한 배우와 결혼했다.)처럼 '결혼한 상태'를 나타냅니다.

물론 현재완료형으로도 표현할 수 있습니다. They have been married for ten years. (그들은 결혼한 지 10년이 되었다.)와 같이 사용합니다.

'practice'의 본래 의미는 '연습하다'가 아니라 '실행하다'

다음은 '연습하다'인데요, 연습의 내용이나 뉘앙스에 따라서 쓰는 단어가 달라집니다. 자신의 상황을 정확하게 나타내기 위해서는 단어를 제대로 구별하는 것이 중요합니다. 각각의 단어를 확인하면서 살펴보겠습니다.

practice (연습하다/실행하다)

practice는 '연습하다'라는 의미로 가장 많이 알려진 단어일 텐데요, **practice는 원래 '실행하다'라는 의미입니다.** 따라서 형용사는 practical이 되어 '실용적인'이라는 뜻을 나타냅니다.

practice는 '실행하다'라는 뜻이 있는 만큼, 실제로 몸을 움직인다는 뉘앙스가 있습니다. 다만 반복적으로 하는 느낌이 거의 없기 때문에 반복 연습할 때는 practice보다 training을 쓰는 편이 뉘앙스가 잘 전달됩니다.

train (훈련하다)

train은 그대로 '트레이닝하다'라는 표현으로 쓰이고 있죠. practice와의 차이는 **train에는 '자발적으로', '능동적으로' 하는 연습이라는 뉘앙스**가 있다는 점입니다. 또 여러 번 반복해서 단련하거나 힘과 기술을 익힌다는 의미가 있습니다.

train은 원래 '기차'의 train과 같은 단어입니다. train에 '끌다'라는 뉘앙스가 있으므로 '몇 번이고 끌다'에서 발전해 '같은 연습 메뉴를 여러 번 반복하다'라는 뉘앙스를 가집니다.

exercise (운동하다)

exercise는 '몸을 움직인다'는 뉘앙스입니다. 뉘앙스만 보면 '뜻이 같은 practice나 train을 써도 되겠다'고 생각할 수도 있지만, practice와 train은 사실 '몸을 움직일' 필요가 없습니다. 실제로 I practice the piano. (나는 피아노를 연습한다.)라고 표현하는데 피아노 연습에서는 몸을 움직이지 않습니다. 움직이는 건 손가락 정도죠. 또 I am training math problems. (나는 수학 문제 푸는 연습을 하고 있다.)라는 표현도 가능합니다. 역시 몸을 움직이지 않고 머리를 써서 여러 번 문제를 풀고 있는 뉘앙스입니다.

그렇기 때문에 exercise는 '반드시' 몸을 움직이는 것을 전제로 합니다. 피아노 연습이나 계산 문제 풀기 연습에는 exercise를 쓸 수 없으니 주의하세요.

practice, train과 구별하기 쉽도록 exercise는 연습보다는 '운동하다'라고 외워두면 좋겠습니다.

drill (훈련하다)

drill은 공부와 관련된 말에도 쓰이는데요, '계산 드릴'이라고 하면 계산 연습문제를 푸는 것을 의미합니다. **drill은 '다른 사람이 정해준 것을 하다', '남이 시키는 것을 하다'라는 뉘앙스입니다.**

연습이라기보다 '훈련'이라고 표현하는 편이 적절할 때도 있습니다. 이를테면 '대피 훈련'은 evacuation drills라고 표현합니다. 훈련이라면 좋겠지만 한번은 해외에서 This is not drill. (이것은 훈련이 아닙니다.)이라는 안내방송을 들었습니다. 그래서 '이 사이렌은 진짜 울렸고 실제로 재해가 발생했다' 하는 사실을 알고 매우 놀란 기억이 있습니다.

'지키다'는 뉘앙스에 따라 네 가지로 구별한다

다음은 '지키다'입니다. 이것도 상황이나 뉘앙스에 따라 사용하는 단어가 달라집니다. 각각의 단어를 확인하면서 살펴보겠습니다.

guard (감시해서 지키다)

guard는 **'지켜보고 있다'**는 뉘앙스이며 '감시하다'라는 의미로도 사용합니다. **사람이든 기계든 뭔가 나쁜 일이 일어나지 않도록 '지켜보고 감시할' 때 쓰입니다.**

예를 들면 The security guard is responsible for guarding the entrance. (경비원은 입구를 지킬 책임이 있다.) 또는 The soldiers are guarding the border. (병사들은 국경을 지키고 있다.) 등으로 표현합니다.

protect (미리 손을 써서 보호하다)

protect는 명사와 동사가 있어서 '보호'라는 명사일 때는 '프로텍트'로 강세가 앞에 오고, '지키다'라는 동사일 때는 '프로텍트' 하고 강세가 뒤에 옵니다.

protect는 **'미리 손을 써서 보호하다'**라는 뉘앙스입니다. '그렇게 되지 않도록 미리 손을 써둔다'는 의미예요.

Parents protect their children from harm. (부모는 아이들을 위험으로부터 보호한다.) 또는 This antivirus software can protect your computer from virus. (이 바이러스 백신 소프트웨어는 컴퓨터를 바이러스로부터 보호한다.) 등으로 사용합니다.

defend (최선을 다해 지키다)

defend는 **'습격해오는 상대로부터 최선을 다해 지키다'**라는 뉘앙스입니다. '지금 이 순간에 무언가가 덮쳐오는' 상태이므로 어떤 일이 일어나지 않았을 때 사용하는 guard나 protect와는 뉘앙스가 확연히 다릅니다.

축구 경기를 보면 수비수가 상대의 공격에 몸을 던져 최선을 다해 막아내죠. 이런 이미지를 떠올리면 defend의 느낌을 이해하기 쉬울 겁니다.

예를 들면 The soldiers defended their position against the enemy's attack. (병사들은 적의 공격에 맞서 진지를 방어했습니다.)처럼 사용합니다.

secure (걱정을 덜어주어 지키다)

secure는 **'걱정을 덜어주어 지키다'**라는 뉘앙스입니다. 예를 들어 Hey, let's go to the church to secure. (교회에 기도하러 가지 않을래?) 등으로 표현합니다. 이 문장에서는 '교회에서 기도해 걱정이 사라지다, 안심하다, 마음이 안정되다'라는 의미가 됩니다. 이럴 때 secure를 사용합니다.

그 외에는 That system secures us. (그 시스템이 우리를 지켜준다.) 등으로 표현하지요. 방범 벨이나 보안 경보기, 도둑으로부터 집을 지키는 시스템에 대해 말할 때도 secure를 씁니다. 위급한 상황에 보안업체가 대응해주는 가정 보안 서비스를 home security라고 하는데요, security는 secure의 명사형입니다.

제1장
동사

제2장
어원

제3장
접두사·접미사

제4장
키우기
영단어
센스

부상의 '방식'으로 단어가 달라진다

다음은 '다치다'입니다. 이것도 역시 물리적인지 정신적인지뿐만 아니라 어떤 상황인지에 따라서도 단어가 달라집니다. '다치다' 관련 단어를 어려워하는 사람이 정말 많습니다. 각각의 단어를 확실하게 알아봅시다.

be hurt (다치다)

be hurt는 **'다치다'라는 의미인데 뉘앙스로 보면 '상처받다'입니다. 물리적(외과적) 상처와 정신적 상처(마음의 상처)에 모두 쓸 수 있습니다.**

물리적 상처를 말할 때는 She fell down the stairs and hurt her ankle. (그녀는 계단에서 떨어져 발목을 다쳤다.)이라고 합니다.

정신적 상처를 말할 때는 I am hurt. (나는 상처받았다.)나 His pride was hurt when he failed the exam. (그는 시험에 실패해 자존심이 상했다.) 등으로 표현합니다.

be hurt는 이렇게 넓은 의미로 사용되니 어떤 표현을 써야 할지 모르겠을 때는 be hurt를 쓰면 됩니다.

be injured (사고 등으로 다치다)

be injured는 **'물리적 부상'에 사용합니다. 정신적 상처에는 쓸 수 없습니다. 특히 '사고와 같은 예기치 못한 일'이나 '스포츠에서의 부상' 등에 쓰는 표현입니다.**

예를 들면 The athlete was injured during the game. (그 선수는 경기 중에 다쳤습

니다.) 또는 Several people were injured in the car accident. (그 교통사고로 여러 명이 다쳤습니다.) 등으로 표현합니다.

be wounded (무기에 의해 다치다)

be wounded는 발음에 주의해야 합니다. '비 와운디드'가 아니라 '비 원디드'입니다.

기본적으로 be wounded는 전쟁이나 테러 등 주로 전장에서 입은 부상을 말할 때 사용합니다. '공격받아 고통스러워하다'라는 뉘앙스입니다. 전투나 공격으로 다친다는 뉘앙스이므로 be hurt나 be injured보다 심각한 상처나 부상을 나타냅니다. 요컨대 **'중상'**이라는 뜻입니다.

이를테면 The soldier was wounded in the battle. (그 병사는 전투에서 부상당했다.) 또는 The gunshot left him severely wounded. (총격에 의해 그는 중상을 입었다.) 등으로 표현합니다.

그 외에 be wounded는 '괴롭힘으로 상처를 입었다'라는 의미로도 쓰입니다. 정신적 상처이므로 be hurt를 써도 되지만 be wounded에 포함된 '중상'이라는 뉘앙스에서 **be hurt보다 '깊이 상처받았다'는 메시지가 상대에게 전해집니다.**

be wounded는 '무기로 상처를 입다'라는 뉘앙스인데 어째서 '괴롭힘으로 인한 상처'에도 쓸 수 있을까요? '말도 무기'이기 때문이죠. 마음에 꼭 새겨두기 바랍니다.

예를 들어 She was deeply wounded by his bullying. (그녀는 그의 괴롭힘에 깊이 상처받았다.) 등으로 표현할 수 있습니다.

마치며

사실 저도 고교 시절까지 '영단어는 무조건 암기해야 한다'고 생각했던 사람 중 한 명이었습니다.

그런데 대학교 1학년 때 전환점이 찾아왔습니다.

스페인어 전공인 저는 어느 날 스페인어 교과서에 등장하는 단어들이 영어 단어와 아주 비슷하다는 사실을 깨달았습니다. 이를테면 영어의 'family(가족)'는 스페인어로 'familia(파밀리아)'이고 'difficult(어려운)'는 스페인어로 'dificil(디피실)'이라고 하는 식이지요.

영어와 스페인어의 닮은꼴에 호기심이 생긴 후로 어학 서적을 닥치는 대로 읽었습니다. 그 결과 다다르게 된 것이 '어원'이었습니다.

영어와 스페인어는 모두 '라틴어'라는 공통의 조상이 있습니다. 라틴어에서 '역사적 배경'과 그에 따른 '문화', '관습', '종교관' 등이 서로 뒤얽힌 결과, 영어와 스페인어 단어로 나뉘게 된 것이죠. 이렇게 단어에 대한 '이해(해석)'가 깊어질수록 '단어의 철자'로 이루어진 '이야기'가 조금씩 눈앞에 떠올랐습니다. 그리고 어느새 처음 보는 단어도 대부분 단어의 철자에서 연상해 의미를 유추할 수 있게 되었지요.

이 책을 계기로 여러분이 예전의 저처럼 '암기의 굴레'에서 벗어나 '단어의 이야기'를 즐기고, 암기하지 않아도 '많은 단어의 의미가 자연스럽게 떠오르는 진짜 어휘력'을 손에 넣게 되기를 진심으로 바랍니다.

2023년 7월

마키노 도모카즈